AF366570

LE
COMMERCE DES GRAINS

DANS LA GÉNÉRALITÉ D'ORLÉANS

(1768)

d'après la correspondance inédite de l'intendant Cypierre

PAR

Camille BLOCH

ANCIEN ÉLÈVE DE L'ÉCOLE NATIONALE DES CHARTES

ARCHIVISTE DU DÉPARTEMENT DU LOIRET

CORRESPONDANT DU MINISTÈRE DE L'INSTRUCTION PUBLIQUE

POUR LES TRAVAUX HISTORIQUES

ORLÉANS

H. HERLUISON, LIBRAIRE ÉDITEUR

17, RUE JEANNE D'ARC

1898

LE

COMMERCE DES GRAINS

DANS LA GÉNÉRALITÉ D'ORLÉANS

(1768)

d'après la correspondance inédite de l'intendant Cypierre

PAR

Camille BLOCH

ANCIEN ÉLÈVE DE L'ÉCOLE NATIONALE DES CHARTES

ARCHIVISTE DU DÉPARTEMENT DU LOIRET

CORRESPONDANT DU MINISTÈRE DE L'INSTRUCTION PUBLIQUE

POUR LES TRAVAUX HISTORIQUES

ORLÉANS

H. HERLUISON, LIBRAIRE ÉDITEUR

17, RUE JEANNE D'ARC

—

1898

8° S .9878

LE

COMMERCE DES GRAINS

DANS LA GÉNÉRALITÉ D'ORLÉANS

(1768)

I

Avec les années 1763 et 1764, où l'entière liberté fut accordée en France au commerce extérieur et intérieur des grains, commence une période particulièrement intéressante pour l'histoire économique de l'ancien régime. En ouvrant au blé les portes de tous les marchés, le législateur avait formé de grandes espérances. Il se flattait que la certitude de voir à jamais banni le système des prohibitions donnerait confiance aux producteurs comme aux consommateurs et rendrait les opérations des marchands à la fois plus faciles, plus modérées et plus fixes. « Nous avons reconnu, disait en son préambule l'édit de juillet 1764, qu'il était digne de nos soins continuels pour le bonheur de nos peuples et de notre justice pour les propriétaires des terres et pour les fermiers, de leur accorder une liberté qu'ils désirent avec tant d'empressement ; et nous avons même cru devoir mettre, par une loi solennelle et perpétuelle, les marchands et négociants à l'abri de toute crainte de retour aux lois prohibitives (1). » Supprimant toute entrave à la circulation intérieure et toute réglementation, la déclaration du 25 mai 1763 prétendait également fonder sur la libre concurrence la prospérité du commerce des céréales et assurer par elle le relèvement de l'agriculture (2). Du nouvel état de choses devait nécessai-

(1) *Recueil des anciennes lois françaises* (ISAMBERT), t. XXII, pp. 403-4.
(2) Voir dans le même ouvrage le préambule de cette déclaration.

rement résulter, avec la sûreté des vivres, la tranquillité des esprits.

Ces espérances étaient justifiées. D'une part, les faits semblaient condamner la séculaire pratique des mesures prohibitives et des règlements. D'autre part, la propagande des physiocrates, la volumineuse littérature formée, dans le second tiers du siècle, par les écrits en faveur de la liberté, étaient pleines d'une foi ardente, qui avait fini par se communiquer au gouvernement et à l'administration. D'ailleurs, en 1763 et 1764, l'excellence des récentes récoltes était un argument propre à convertir ceux qui doutaient encore.

Il fallut bientôt en rabattre. Les déceptions nées des récoltes déficitaires qui suivirent celle de 1764, les souffrances qui formaient le cortège de toute disette, provoquèrent dans le public une irritation dont les Parlements se firent bien vite l'écho, étant toujours prêts à accueillir, à renforcer de leur autorité et à envenimer les plaintes et les griefs populaires. Le désenchantement des administrateurs ne fut pas moindre. Après deux ou trois ans du régime nouveau, beaucoup d'intendants (1) demandèrent sinon son abolition, du moins quelques restrictions à la liberté absolue, le retour à de certaines mesures de police locale, qui devaient arrêter les « manœuvres » des marchands et, comme on disait, les « monopoles (2) ». Déjà en 1765, les protestations étaient assez vives pour que Le Trosne se crût obligé d'y répondre. L'écrit sur *La Liberté du Commerce des Grains toujours utile et jamais nuisible* (3) est, en effet, une tentative pour arrêter les progrès de la réaction, inquiétante surtout en province (4). Il parut avec l'approbation du Contrôleur Général L'Averdy, un des auteurs de la législation nouvelle. Il constitue un témoignage

(1) Pas tous, il est vrai, et il importe de le retenir.

(2) Voir sur ce point AFANASSIEV, *Le commerce des Céréales en France au XVIIIe siècle*, pp. 102 et suiv. de la traduction française. (Paris, in-8°, 1894.)

(3) Paru le 1er novembre 1765.

(4) On lit dans l'avant-propos : « Le renchérissement causé par la faiblesse de notre dernière récolte a fait naître des doutes et inspiré des craintes à ceux qui n'ont pas fait une attention particulière aux principes d'où dérive la nécessité de cette opération. J'ai cru qu'un ouvrage relatif à la circonstance pourrait être propre à tranquilliser les esprits... »

peu suspect de la crise où le système de la liberté commerciale allait pour un temps s'abîmer.

Dès l'abord, il semble que l'Orléanais aurait dû échapper au mécontentement général. Grâce à sa position géographique au centre du territoire national et grâce au transit considérable de la Loire, la généralité d'Orléans pouvait aisément, en cas de disette, sous un régime de libre débit, recevoir les blés des provinces voisines. C'était aussi une des parties de la France les plus fertiles en grains. Il existe un tableau de sa production dressé en 1728 par l'intendant Louis-Guillaume Jubert de Bouville (1). Des douze élections formant la généralité, celles qui ne produisent que juste assez pour la subsistance annuelle des habitants sont au nombre de trois, savoir : Gien, Clamecy et Romorantin. Encore à Gien faut-il une récolte particulièrement mauvaise pour qu'il n'y ait pas un peu d'excédent. Dans les neuf autres élections, ou bien la production répond aux besoins d'une année entière, tel est le cas de Montargis ; ou bien il y a excédent pour deux, trois, et même quatre années, comme à Pithiviers, Dourdan, Chartres, Châteaudun et Vendôme. Il est vrai que, dans les élections de Blois, Beaugency et Orléans, la région de la Sologne est stérile ; mais, en chacune d'elles, le reste du territoire produit ordinairement plus des deux tiers des grains nécessaires : la compensation se fait donc largement. L'abondance des blés dans l'Orléanais provoque un grand commerce de cette denrée. Au gré de l'intendant, il pourrait encore se développer : car, « outre ce que Paris en tire de la Beauce, il en reste ordinairement beaucoup au delà de ce qu'il en faut pour la subsistance des peuples ». Bouville propose même l'aménagement de six magasins de grains, entre lesquels serait répartie la production totale : un tiers étant déposé à Chartres, un quart à Orléans, un sixième à Vendôme, et un douzième à Blois, à Montargis et à Gien. Ce tableau sera utilement complété par le passage où

(1) En manuscrit à la Bibliothèque municipale d'Orléans, sous la cote M. 454. Louis était le fils d'André Jubert de Bouville, lui-même intendant d'Orléans, auteur du mémoire de 1693.

Delamare, en son *Traité de la police* (1), a décrit la fertilité de la généralité d'Orléans. Étudiant « les secours que les provinces peuvent espérer les unes des autres, aussi bien que la ville de Paris, dans les temps de disette », Delamare passe en revue : 1° l'Hurepoix, avec le marché de Dourdan, d'où chaque semaine les blés sont enlevés pour la capitale ; — 2° la Beauce, « si abondante en blé-froment qu'elle seule en pourrait fournir plusieurs autres. Aussi les blés font tout son commerce ». Chartres envoie ses grains par l'Eure à Rouen, d'où ils sont expédiés en Hollande et en Angleterre. Le terroir de Dreux fournit 8,000 muids par an. Paris reçoit la plus grande partie de ses céréales d'Étampes, dont le territoire est fort abondant ; — 3° le Gâtinais, avec Montargis, où « les riches habitants y amassent les grains de leurs moissons ; quelques-uns en font commerce ». Le canal de Briare leur en amène aussi, qui viennent de la Loire ; il les font passer à Paris par le Loing ; — 4° l'Orléanais, dont « les terres labourables... rapportent abondamment des blés et des grains de toute espèce ». Il y en arrive encore de Bretagne et d'Anjou par la Loire ; ils sont dirigés par le canal sur Paris. Blois et Beaugency ont deux marchés importants, où se réunissent les céréales de la Beauce et du Vendômois ; — 5° enfin le Perche, dont Delamare dit qu'il produit plus qu'il ne consomme (2).

Au spectacle d'une situation si florissante, on incline à croire que la liberté dut être bien accueillie dans la généralité d'Orléans. De fait, la promulgation de l'édit de 1764 y fut reçue avec une faveur presque enthousiaste, dont un journal local (3) se fit l'interprète. « Nous nous empressons, dit-il,

(1) Livre V, titre XIV, chapitre XIX. Tome II de la seconde édition (Paris, in-f°, 1722,) pp. 435 et suivantes.

(2) Les textes que nous venons d'analyser sont d'une date antérieure à 1768. Mais la fertilité de la généralité d'Orléans n'avait pas cessé d'être une vérité au temps de Cypierre. Lui-même écrit que sa province « recueille chaque année commune beaucoup plus de blé qu'il ne lui en faut pour la consommation des habitants. » (Voir plus loin, pièce XLX.)

(3) *Annonces, Affiches, Nouvelles et Avis divers de l'Orléanais*, paraissant toutes les semaines à Orléans, chez Couret de Villeneuve. Le passage cité se trouve dans le numéro du 29 juillet 1764.

d'apprendre l'importante nouvelle de la libre exportation du blé chez l'étranger, décidée au Conseil en présence de S. M. le 17 du présent mois. L'exportation et l'importation des blés seront désormais libres par les ports et par toutes les villes du royaume. Quelle source féconde d'avantages la loi qui les autorise ne va-t-elle pas produire pour nos campagnes ? » Les événements donnèrent à ces espérances un démenti. Dans la généralité d'Orléans comme ailleurs, il y eut réaction ; et les populations s'alarmèrent au point que l'intendant Cypierre, partisan de la liberté, finit par solliciter la restauration des règlements de marché et le retour aux anciennes ordonnances touchant le commerce des céréales. C'était simplement, comme on le verra, revenir au régime même qu'on avait prétendu abolir.

Une correspondance où il expose la situation de sa province, exprime ses inquiétudes et ses vœux, se trouve aux archives départementales du Loiret (1). Elle est conservée dans un registre manuscrit, intitulé : *Recueil de lettres écrites par M. de Cypierre, intendant d'Orléans, à M. le Contrôleur Général, à M. de Montigny, intendant des finances et autres, avec leurs réponses et pièces relatives au commerce des grains, depuis le 1er juillet 1768 jusqu'à la fin de novembre de la même année.* Les « autres » sont M. de Sartine, lieutenant général de police à Paris, plus tard ministre de la marine ; le Comte de Saint-Florentin, ministre de la maison du Roi et l'évêque d'Orléans, Louis-Sextius de Jarente de la Bruyère, qui, durant un séjour à Paris (2), tient Cypierre au courant des opinions du gouvernement et se fait même l'intermédiaire de l'intendant avec le Contrôleur Général et Trudaine de Montigny. Le manuscrit est un recueil confectionné après coup, probablement sur l'ordre de Cypierre lui-même, dans un dessein que nous ne connais-

---

(1) Série C, non classée.

(2) Il avait été appelé, le 13 mars 1758, de l'évêché de Digne à celui d'Orléans. C'est par procuration qu'il prit possession de son nouveau siége, ayant été, peu de temps auparavant, chargé par le roi de la feuille des bénéfices. Depuis ce moment jusqu'en 1768, époque de sa disgrâce, l'évêque d'Orléans résida à la cour.

sons pas. L'écriture est celle d'un scribe des bureaux ou d'un secrétaire particulier : on la retrouve fréquemment dans la correspondance et les autres actes administratifs émanant de l'intendance à l'époque qui nous intéresse. Les lettres échangées ont un double caractère, officiel à la fois et confidentiel. Mais le ton de la confidence domine, surtout entre Cypierre et Montigny ou Jarente. On a donc ici un tableau pris sur le vif de la position matérielle et morale de la généralité. Aucun texte ne saurait mieux faire connaître l'attitude du gouvernement et celle de ses représentants. A cet égard, le document paraît bien dépasser les limites de la simple histoire locale.

Il n'est pas absolument inconnu. M. Doinel, ancien archiviste du Loiret, le signalait jadis à l'attention du public dans des articles que le journal *la République Française* (1) imprima sous ce titre : « Le Pacte de Famine ». Mais la correspondance Cypierre mérite une étude nouvelle, pour deux raisons. La première est que M. Doinel s'est borné à un petit nombre de citations. La seconde, qu'il en a tiré des conclusions téméraires. Il tâche à transformer les faits en autant d'arguments pour étayer les accusations portées par Le Prévost de Beaumont contre Louis XV et ses ministres. Il débute ainsi : « La page la plus honteuse du règne de Louis XV est celle où l'histoire peut inscrire, à la clarté des documents, ces mots qui sont un verdict : le roi monopoleur, le roi affameur de son peuple. Le fait de cette opération odieuse, connue déjà par la révélation du pacte Malisset, confirmée par l'enlèvement de l'infortuné Le Prévost de Beaumont, est devenu pour moi évident comme un axiome depuis la découverte que j'ai faite, en 1883, de la correspondance secrète de M. Perrin de Cypierre, baron de Chevilly, intendant de la généralité d'Orléans, avec les contrôleurs généraux des finances (2) ». Suit un éloge de Cypierre, de sa « fermeté », de sa « dignité », de sa « bienfaisance ». L'auteur ajoute : « Le précieux manuscrit, où sa solli-

(1) Nᵒˢ des 19, 21 et 26 août 1884.
(2) A partir d'octobre 1768, Maynon d'Invau succède à L'Averdy au Contrôle Général. La correspondance Cypierre contient quelques lettres de lui.

citude pour le bien public éclate à chaque ligne, emprunte une importance majeure aux lumières inattendues qu'il jette sur l'existence du pacte de famine. Le Prévost de Beaumont, taxé de mensonge par les apologistes de l'ancien régime, est admirablement vengé, et vengé *officiellement* par ces lettres accusatrices. On comprend, quand on les a lues, quel intérêt avaient les L'Averdy, les Trudaine, les Terray à faire disparaître le révélateur et à l'ensevelir vivant dans la tombe d'une forteresse d'où la Révolution française le fit sortir. »

L'éloquent auteur de ces lignes s'inspire visiblement de l'idée préconçue qu'il y a eu un pacte de famine, et il veut trouver dans la correspondance de l'intendant d'Orléans la preuve du grand complot contre la faim publique. Il n'avait pu connaître les importants travaux qui, depuis l'année même où il écrivit ses articles, ont montré la nécessité d'être sur ce point capital fort circonspect et de ne pas traiter avec passion un sujet aussi délicat. En outre, il a omis de conférer son texte avec les conditions générales du commerce des grains sous l'ancien régime et les opinions courantes alors sur la matière. Si la correspondance Cypierre présente un grand intérêt, c'est à la condition de ne pas lui faire dire plus qu'elle ne dit en réalité et de la replacer très exactement dans l'époque à laquelle elle appartient. Ce témoignage historique est de premier ordre, pourvu qu'il ait d'abord été critiqué. Il faut donc examiner tour à tour les faits, les maux signalés, les remèdes proposés, le rôle du pouvoir central. Après cet examen seulement, on aura le droit de juger. On ne conclura pas qu'il y eu « pacte de famine », mais, plus simplement, que, par suite des circonstances et des temps, la législation libérale de 1763-1764 ne fut point loyalement appliquée.

II

Pendant le cours des mois de juillet à novembre 1768, un énorme renchérissement des grains se produisit dans la généralité d'Orléans. C'est ce qu'attestent d'abord les lettres de l'intendant. Ainsi, du 13 au 27 août, la mine (1) de méteil augmenta progressivement de 14 sous 6 deniers, ce qui faisait une hausse de 3 livres 6 sous sur un setier de Paris ; le pain de 6 livres augmenta de 2 sous (pièce IX). Au commencement de septembre, la mine de froment se vend à Orléans 7 livres 5 sous, soit 34 livres 16 sous le setier (pièce XXIII). Le samedi 10 septembre, elle coûte 7 livres 12 sous, c'est-à-dire 36 livres 9 sous le setier ; le pain bis est taxé à 2 sous 10 deniers la livre, le pain blanc ordinaire 4 sous, et le beau pain blanc à 5 sous (pièce XXVII). Le 17 du même mois, la mine monte à 7 livres 15 sous, ce qui fait pour le setier 37 livres 4 sous. Le pain demeure au même prix que la semaine précédente ; mais il est encore plus cher à Romorantin, Blois, Dourdan, Chartres et Pithiviers (pièce XXIX). Dans toute l'étendue de la généralité, il y a eu, pendant la première quinzaine de septembre, « une augmentation considérable » sur le prix du pain : la livre de pain blanc ordinaire se vend communément 3 sous 1 denier 3/4 ; et celle de pain bis, 2 sous 6 deniers 3/4 (Pièce XL). Au marché d'Orléans, le 5 octobre, la mine de blé coûte 7 livres 15 sous (pièce LVII).

Ces chiffres sont les seuls que donne Cypierre ; mais il est possible d'entrer dans d'autres détails. On connaît exactement le prix des grains et du pain à Orléans pour toute la période à laquelle se rapporte la correspondance de l'intendant. Il est consigné dans le registre servant à inscrire la taxe fixée, tous les samedis, à l'issue du marché, par les

(1) La mine d'Orléans, mesure de grains, pesait 50 livres poids de marc ; elle équivalait donc au cinquième environ du setier de Paris, évalué généralement à 240 livres. Cette proportion correspond exactement aux calculs de Cypierre. Elle diffère de celle qui est donnée dans un tableau de mesures publié au XVIIIe siècle, où le setier de Paris est dit valoir 4 mines 1|2 d'Orléans, ce qui ne donnerait pour le setier que 225 livres. (*Tarif général de toutes les mesures des villes de France, qui ont rapport à celles d'Orléans... A Orléans, chez la veuve Jean Borde et Louis-François Couret de Villeneuve, imprimeur du Roy, à la Couronne d'Or, 1722. Plaquette in-4°, 29 pp.*)

officiers de police (1). On peut donc suivre, d'une semaine à
l'autre, les variations des prix. L'examen confirme les dires
de l'intendant.

La hausse sur le froment (2) suivit, pendant l'année 1768,
une marche à peu près ininterrompue. Les plus bas prix
oscillent, pour le trimestre janvier-mars, entre 3 livres
15 sous et 4 livres 10 sous la mine; en avril-juin, entre
4 livres 8 sous et 5 livres 10 sous; en juillet-septembre,
entre 4 livres 15 sous et 6 livres; en octobre-décembre, entre
5 et 6 livres. Les plus hauts prix sont les suivants : 1ᵉʳ trimestre, de 4 livres 16 sous à 5 livres 8 sous; 2ᵉ trimestre,
de 5 livres 10 sous à 6 livres 5 sous; 3ᵉ trimestre, de 5 livres
19 sous à 7 livres 15 sous; 4ᵉ trimestre, de 6 livres 15 sous
à 7 livres 10 sous. Si l'on prend la moyenne de chaque trimestre, on arrive *à peu près* aux résultats que voici : 1ᵉʳ trimestre, 4 livres 6 sous 3 treizièmes; 2ᵉ trimestre, 6 livres;
3ᵉ trimestre, 6 livres ; 4ᵉ trimestre, 6 livres 5 sous 6 quatorzièmes (3).

D'après la statistique de Cypierre, les hauts prix paraissent
avoir été les plus usuels. C'est eux qu'il cite exclusivement.
Mais la période de la plus grande hausse, en 1768, va de
juillet à novembre: dès le mois de décembre, la baisse est
sensible et presque fixe. A la fin de juillet, le blé vaut
6 livres 10 sous. Après une légère diminution dans les premières semaines d'août, la mine, ayant successivement passé
par les taux de 5 livres 19 sous, 6 livres 2 sous et 6 livres
10 sous, est estimée, le 28 du mois, à 7 livres 2 sous. En sep-

(1) Ce registre se trouve aux Archives municipales d'Orléans. Il ne porte
point encore de cote.

(2) Le registre donne les prix du froment, du méteil, du seigle, de l'orge,
de l'avoine et de la vesce, tels qu'ils résultent des dépositions sous serment
faites par un des marchands de grains de la localité. Mais il suffira de considérer ici le froment.

(3) Prix pour le setier de Paris : 1ᵉʳ trimestre, 20 livres 10 sous ; 2ᵉ trimestre, 28 livres; 3ᵉ trimestre, 28 livres ; 4ᵉ trimestre, 30 livres. On peut
rapprocher ces chiffres approximatifs de la table des prix pour 1768, 1769 et
1770 dans les généralités de Paris, Rouen, Châlons, Amiens, Soissons, Dijon,
Tours, Poitiers, Rennes, Limoges, Lyon, Bordeaux, table donnée par AFANAS-
SIEV, *ouv. cité*, p. 545. Les prix pratiqués à Orléans en 1768 sont inférieurs à
ceux de Paris et Rouen, mais supérieurs ou presque égaux à ceux des autres
généralités.

tembre, elle monte à 7 livres 8 sous, 7 livres 12 sous, 7 livres 15 sous. Le 24, petite diminution, 7 livres 8 sous. En octobre et novembre, oscillation entre 7 livres et 7 livres 10 sous. Enfin, au mois de décembre, le prix unique de 6 livres 15 sous prévaut à tous les marchés.

Dans la hausse du pain, même gradation et mêmes fluctuations. La taxe, fixée par les officiers de police suivant la valeur des grains et après audition des jurés-boulangers, porte sur trois qualités de poids différents, savoir : pain bis de 6 livres, jaunet de 16 onces, blanc de 12 onces. Considérons seulement le pain bis de 6 livres. Jusqu'en mars, il coûte de 12 sous à 12 sous 8 deniers. Le 19 du mois, il monte à 13 sous 7 deniers ; le 2 avril, à 13 sous 4 deniers, et il reste stationnaire à ce dernier prix jusqu'au 4 juin, où il atteint 13 sous 8 deniers. Huit jours après, le 11, nouvelle hausse à 14 sous, puis à 14 sous 8 deniers. Le 23 juillet, 15 sous. Dans les premières semaines d'août, on constate, comme sur le blé, une légère réaction. Mais la taxe de 15 sous reparaît le 27 du mois ; puis, brusquement, le 10 septembre, elle s'élève à 16 sous 4 deniers. A partir du 24 septembre, et jusqu'au 19 novembre inclusivement, le prix est fixé à 16 sous. Le 26 novembre et le 3 décembre, double diminution de 4 deniers. Enfin, le 10 décembre, le pain vaut 15 sous et se maintient à ce taux jusqu'à la fin de l'année.

De ces témoignages combinés, il ressort que, au moment où Cypierre écrit, la cherté est extrême. Les choses en sont au point où « l'augmentation considérable » du blé et du pain « va à un tel excès que le commun du peuple ne peut en avoir ce qui lui en faut (1) ». Et c'est justement ce qui se produit dans la généralité d'Orléans. A Romorantin, le peuple crie de toutes ses forces pour avoir du pain (pièce XXXI). Dans l'élection de Dourdan, la mendicité des domiciliés augmente de jour en jour (pièce XLIX). A Orléans, les femmes se battent à la porte des boulangeries (pièce XXXII). Au moment des récoltes, le peuple « se voit sans pain, sans vin, sans ouvrage ».

(1) Définition de la cherté donnée par Domat, *Droit public*, t. VII, section IV, § 3.

Le travail est suspendu dans la plupart des manufactures ; dans les autres, vu « la concurrence des mains oisives », les salaires ont baissé jusqu'à ne plus suffire à la subsistance des ouvriers. La mendicité et le vagabondage font des progrès inquiétants. On cite des fermes incendiées aux environs d'Orléans par des mendiants irrités de se voir refuser des secours ; or, ceux qui les refusent sont dans l'impuissance matérielle de les accorder. A la demande de l'intendant, les curés des villes ont dressé la liste des indigents entre lesquels devront être répartis quarante quintaux de riz envoyés par le gouvernement. « Les états sont effrayants, et deviennent presque des rôles aussi nombreux que ceux des contribuables à la taille » (pièces XXVII et LXIII). A la fin d'octobre, la misère n'a pas diminué ; ainsi, à Romorantin, plus de 2,000 ouvriers des manufactures de draps sont réduits au chômage (pièce LXXX).

A défaut de pain, c'est avec du riz qu'on assure la subsistance des habitants. On en fait des distributions à Blois et à Montargis, où il y a des dépôts de mendicité, et dans les parties de la généralité les plus atteintes. Les soupes au riz sont une invention économique, dont le gouvernement s'est efforcé de propager l'usage dans les campagnes. Une instruction imprimée enseignait la « méthode pour faire de la soupe au riz pour cinquante personnes, les enfants de huit ans et au-dessous compris deux pour un » (1). Avec 6 livres de riz et autant de livres de pain blanc rassis, crevées et trempées dans 24 pintes d'eau, 6 de lait et assaisonnées de 3 quarterons de sel, on pouvait préparer 50 portions, chaque portion étant, pour les grandes personnes et enfants au-dessus de 8 ans, de deux cuillerées d'un quart de pinte l'une, et, pour les enfants de 8 ans et au-dessous, d'une cuillerée de même mesure. Dans le cas où la distribution n'avait pas lieu immédiatement après la cuisson, il suffisait, au moment voulu, de faire réchauffer à petit feu le mélange, en ajoutant un peu d'eau ou de lait.

---

(1) Il y a plusieurs exemplaires de cette « méthode » aux Archives du Loiret, série C, non classée. C'est un imprimé de quatre pages in-4°.

Telle était la nourriture des pauvres en temps de disette.
A Romorantin, les dames de charité se chargent de sa
préparation. Elle est peu dispendieuse ; mais on ne trouve
même pas l'argent nécessaire pour en couvrir les frais
(pièce LXXX).

III

A quelles causes attribuer la pénible position de la province ? Cypierre en découvre plusieurs ; on verra plus loin
quelles sont, pour lui, les plus importantes. Au premier
rang se placent les causes naturelles, c'est-à-dire les
mauvaises récoltes. Il y en eut de pires que celle de 1768 ;
mais elle fut fort endommagée par les gelées tardives, par la
sécheresse du printemps, par les pluies de l'été et par les
mulots (1). La grêle aussi fit des ravages. Le subdélégué de
Pithiviers signale, dans sa seule élection, douze paroisses
entièrement dévastées par le fléau en deux jours (pièce III).
Le syndic d'Huêtre (élection d'Orléans) déclare que, dans
sa paroisse, la moisson a souffert d'abord de la grêle, ensuite
de la rouille (pièce LII). Or, à défaut de blé nouveau, on ne
pouvait compter sur le vieux. Les réserves étaient à peu
près épuisées, à cause des années précédentes où déjà les
récoltes avaient laissé à désirer. Celle de 1767 fut moins que
médiocre, par suite de la gelée à Pâques et de la pluie
en été. Celle de 1766 représenta la moitié à peine d'une
récolte moyenne (2). On a vu plus haut ce que Le Trosne
disait de celle de 1765. Il est donc concevable qu'en 1768 la
consommation des blés vieux fût presque achevée. Qu'on
ajoute l'exportation autorisée jusqu'à concurrence du prix de
12 livres 10 sols par quintal de blé (édit de juillet 1764) ;
pour n'avoir pas été aussi étendue qu'on l'a souvent cru et
dit (3), elle n'en provoqua pas moins de nombreux enlèvements.

(1) *Éphémérides du citoyen*, janvier 1769, p. 59, citées par AFANASSIEV,
ouv. cit., p. 231.
(2) AFANASSIEV, *ouv. cit.*, p. 230.
(3) Voir à ce propos AFANASSIEV, *ouv. cit.*, pp. 227-8.

L'influence d'une récolte défectueuse sur la valeur des grains n'aurait pas dû surprendre, semble-t-il, les hommes de 1768. Une expérience récente ne leur avait-elle pas montré quel rapport étroit existait entre ces deux termes ? La hausse avait commencé trois ans auparavant, dès 1765, c'est-à-dire dès la première mauvaise récolte. Pendant les années précédentes (1763-1764) (1), le plus haut prix atteint par le froment fut 3 livres 10 sous. Le pain oscilla, en 1763, entre 8 sous et 8 sous 8 deniers ; en 1764, entre 7, 8 et 9 sous. Mais, en 1765, les prix augmentent sensiblement : le blé monte à 4 livres 14 sous ; le pain passe de 9 sous à 11 sous 6 deniers. En 1766, le prix du blé s'élève jusqu'à 4 livres 17 sous ; celui du pain, de 10 à 12 sous. En 1767, le froment atteint 5 livres 9 sous ; le pain, il est vrai, ne dépasse pas 12 sous 8 deniers. Ainsi, l'augmentation avait lieu progressivement, d'année en année. Si les producteurs et les négociants pouvaient la considérer d'un œil favorable, les consommateurs, surtout ceux des villes, commençaient à s'en plaindre et se livraient aux protestations habituelles. Lorsque la hausse eut dépassé les prévisions, lorsqu'elle fut devenue anormale, il y eut éclat. C'est ce qui se produisit en 1768. C'est aussi pourquoi Cypierre ne se contente point, pour expliquer les faits, des causes naturelles. Les causes artificielles lui paraissent bien autrement actives, et il s'applique surtout à les dénoncer. L'objet de sa correspondance est d'informer le ministère des « accaparements » et « monopoles » qui, selon lui, ruinent la province « à l'ombre de la liberté ».

IV

Depuis le XVIe siècle surtout, un grand nombre d'ordonnances et d'arrêts furent rendus par l'autorité royale comme par les autorités locales de police, au sujet du commerce des grains. Ils eurent pour effet de l'enserrer en un

(1) Les détails de statistique qui suivent sont empruntés au registre de la police des grains d'Orléans.

inextricable réseau de restrictions et d'interdictions. Ils
limitaient le nombre des marchands en les astreignant
à des déclarations sous serment par devant les juridictions ordinaires ; ils interdisaient le commerce non seulement aux nobles et gens d'Église, aux officiers royaux et
aux préposés à la police des grains, mais encore aux laboureurs, aux meuniers et aux boulangers ; ils regardaient comme
opérations condamnables les arrhements, c'est-à-dire les achats
de céréales faits en dehors des marchés, où ils contraignaient
les fermiers à porter leurs blés, leur défendant de les vendre
à un prix différent du prix fixé à l'ouverture ou de les rame-
ner chez eux ; toute association de marchands pour acheter
des grains et former des magasins était jugée frauduleuse ;
autour des villes, particulièrement de Paris, il y avait une
limite territoriale hors de laquelle les approvisionnements
étaient défendus. Quant à l'exportation, elle dépendait de
l'arbitraire du Roi, qui l'autorisait ou la prohibait suivant les
prévisions des récoltes ou les besoins de ses armées. Le blé
était donc le grand suspect, traqué depuis le moment de sa
production jusqu'à celui de sa consommation. La loi le trai-
tait en marchandise de contrebande. Dans son *Dictionnaire
du commerce*, Savary le range, à ce titre, parmi les armes,
munitions et instruments de guerre, l'or et l'argent sous
toutes leurs formes, les pierres précieuses, les chevaux, à côté
des chardons à bonnetiers et à drapiers, des laines et du
chanvre, des râpes de raisin pour le vinaigre, et même des
vieux linges, drilles et pâtes à papier (1). Au XVIIIe siècle,
on appliquait encore, à Orléans, des règlements locaux, re-
montant pour le moins au XVe et fixés dans leur forme
définitive au XVIe. Ils défendaient aux marchands d'acheter
ou d'arrher les blés « à six lieues près cette ville d'Orléans »,
ou de « regrater » ceux « qui sont ès lieux prochains
pour estre rendus en ladite ville ». Tout au plus, étaient-
ils autorisés à « recueillir les bleds qui resteront à vendre
sur le port et au Martroy après le temps... ordonné
pour le fournissement de la commune » ; ce « temps » était

(1) Voir au mot blé.

fixé entre une et trois heures de l'après-midi. D'après un autre article, tous les grains destinés à Orléans, qu'ils vinssent par voie d'eau ou par voie de terre, devaient être dirigés en droiture vers le port ou vers le Martroy « sans qu'ilz en soient detournez ne prevenus d'achapt hors ledit port ou Martroy, ne autrement, en quelque sorte et manière que ce soit, divertis ou empeschez d'y estre rendus et librement départis à la commune, à peine de confiscation des grains et d'amande arbitraire ». Les fermiers d'Église ou autres, toutes personnes ayant fait amas de grains « autres que de leur revenu » ne pouvaient garder leurs blés plus de deux ans. Enfin, défense « très-expresse » était portée d'acheter les blés en vert « ne iceux arrer auparavant la cueillette » (1). — Ce régime consacré pour tout le territoire par les grandes ordonnances royales de 1577, de 1699 et de 1723, dura jusqu'en 1763 et 1764. Hormis quelques éphémères tentatives pour l'abolir, comme celles de L'Averdy à ce moment ou de Turgot dix ans plus tard, il fut, en somme, le véritable régime de l'ancienne France en matière de céréales.

Mais, pour un temps, à la suite des déclaration et édit de 1763 et 1764, les entraves au commerce des grains disparurent. On put acheter les blés hors des marchés, dans les granges et greniers, sur les routes, en vert et sur pied. Il en fut ainsi dans la généralité d'Orléans. Or, ces démarches du commerce, Cypierre les déclare frauduleuses, fatales aux subsistances, provoquant la pénurie des grains dans les marchés ; et il les dénonce au ministère. Voici quelques-unes des preuves accumulées par lui. « Depuis quelques mois, écrit-il, ces marchés (2) sont peu garnis, parce que les boulangers et les marchands vont jusques

<hr>

(1) Voir les *Réglemente pour l'exercice de la justice et police de la ville d'Orléans*, A Orléans, chez François-Boyer et Pierre Rouzeau, imprimeurs du roy et de la ville, M.DC.LXXX IX, in-4°, 55 pp. Une « ordonnance sur la vente et achapt du blé et autres grains », en date du 9 septembre 1430, a été publiée par M. Cuissard dans sa récente *Étude sur le commerce et l'industrie à Orléans avant 1789*, p. 256. (Orléans, 1897, in-8°).

(2) Ceux d'Orléans qui se tiennent le mercredi et le samedi de chaque semaine.

à deux lieues et plus au-devant des voituriers qui amènent le blé du Berry, qui est actuellement la seule province qui no. ; en fournisse, la Beauce étant absolument épuisée. » Le matin du jour (20 juillet) dont la présente lettre porte la date, le peu de blé arrivé fut enlevé par le nommé Lasaillie, dès dix heures et demie. Or, le marché n'ouvrait régulièrement qu'à midi, et les marchands n'y pouvaient être admis qu'à quatre heures, les autres heures étant réservées d'abord au commerce, puis aux boulangers (pièce I). Le subdélégué de Pithiviers se plaint « des levées considérables de blés que font les marchands de grains dans les marchés » (pièce III). Le mercredi 24 août, il n'y a pas un seul sac de froment au marché d'Orléans (pièce IX). « Samedi dernier, écrit encore Cypierre le 4 septembre, un de ces boulangers a fait un achat sur le pied de 7 livres 8 sols la mine d'Orléans pesant 50 livres, ce qui fait 35 livres 10 sols 4 deniers pour le setier de Paris, tandis que le prix commun du surplus des achats a été fait sur le pied de 6 livres 2 sols 6 deniers la mine. Une différence aussi considérable annonce bien clairement la fraude, et cette fraude serait facile à découvrir et à faire cesser en usant d'autorité vis-à-vis du vendeur qui, s'il était intimidé, dévoilerait bientôt la convention faite entre lui et l'acquéreur. Un autre boulanger demandant du pain au marché a offert et voulu donner un prix plus considérable que celui même qui lui était demandé, afin de hausser par le prix de son marché le prix du pain » (pièce XVI). Le 7 septembre, il n'y avait en vente que 40 sacs de blé équivalant à 6 setiers de Paris environ ; « tous les vignerons et journaliers des paroisses voisines qui étaient venus s'approvisionner furent obligés de s'en retourner sans grain, et plusieurs boulangers ont refusé de cuire, faute de matière, et prétendant d'ailleurs que la taxe de 2 sous 6 deniers était trop faible Cependant la veille, c'est-à-dire le 6 septembre, ajoute l'intendant, j'avais vu moi-même plusieurs charrettes chargées de blé sortir de la ville par la porte de Paris. » Les maire et échevins essaient d'approvisionner la ville à leurs frais : mais en vain. Les greniers étaient presque vides, « à cause de la quantité prodi-

gieuse de blés enlevée depuis environ deux mois »
(pièce XXIII). Le 5 octobre encore, on ne voit paraître à
Orléans que 2 voitures de blé de laboureurs et 3 ou
4 voitures de marchands de la ville : aussi, est-ce le jour où
le plus haut prix (7 livres 15 sous) fut atteint (pièce LVII). Le
syndic d'Huêtre signale le cas du nommé Hardy, d'Orléans,
accoutumé à se rendre sur les chemins les jours de marché
pour arrêter les voitures de blés ; parcourant les campagnes,
il achète aussi les grains avant même qu'ils ne soient battus
(pièce LII). Le curé de Dambron raconte que le nommé
Parthin, domicilié aux Aydes, a fait l'acquisition de sa récolte
avant qu'elle ne soit rentrée (pièce LIII). Depuis un an, il aurait ainsi entassé plus de 500 muids de blé dans son magasin,
à Orléans. Le sieur Corbin, huissier-audiencier en la maîtrise
des eaux et forêts, laisse entre les mains de l'intendant, le
27 septembre, une déclaration faisant connaître les manœuvres auxquelles Pierre Hardy, marchand, s'est livré à
Cercottes. Il achète à Jean Malaquin 18 muids de blé encore
en grange et non battu sur le pied de 4 livres 10 sols la mine,
alors qu'au marché le prix est supérieur à 7 livres ; aussitôt
après, Éloi le Bœuf, Peigné et Caume lui demandent de partager le prix de son marché. Hardy est l'associé de François
Poirier ; tous deux ont acquis en commun les récoltes, encore
en granges, de Sevin, laboureur à Boulay, et de Héchard,
fermier à Beaugency-le-Cuit ; plusieurs jours durant, ils ont
battu les alentours pour faire d'autres achats du même
genre. Un autre marchand d'Orléans, Laurent Lafosse, « que
l'on regarde comme très riche », s'est promené, au moment
des récoltes, dans les paroisses de Rozières, Gémigny,
Saint-Sigismond et autres « à l'effet des blés, offrant de l'argent et d'acheter les granges en bloc et proposant des
acomptes aux laboureurs par avance, afin d'avoir les blés à
meilleur marché » (pièce LXIV). Enfin, les marchands, les
laboureurs et les boulangers aisés forment entre eux des
collusions en vue d'achats simulés à l'ouverture des marchés,
cherchant ainsi à provoquer la hausse des blés ou celle du
pain.

Voilà les « manœuvres » auxquelles Cypierre attribue

la cherté excessive dont sa généralité souffre. Or, les vrais, sinon les seuls bénéficiaires de la fraude, ne sont pas les marchands qui vont et viennent à travers la province et dont la présence est de toutes parts signalée. Ce n'est pas à leur profit, du moins uniquement, qu'ils opèrent les arrhements des grains sur les routes ou dans les greniers et qu'ils exploitent sur les marchés la crédulité publique ou la cupidité de quelques vendeurs. En réalité, la plupart ne sont que des commissionnaires agissant pour le compte d'une Compagnie organisée, qui a mis la généralité en coupe réglée et se rend maîtresse des prix. L'intendant ne doute pas de l'existence de cette Compagnie, dont les agents ont parcouru, sous ses yeux mêmes, sa propre seigneurie de Chevilly (pièce IX). Il a également vu trois lettres de voiture adressées à des voituriers par eau, où les sieurs Maupassant, de Saumur, déclarent envoyer 105 sacs de blé à Beaulils, d'Orléans, « pour le compte et aux risques des intéressés ». Aux jours de marché, les commissionnaires de la Compagnie encombrent la place publique ; « on ne voit qu'eux sur les chemins, allant jusqu'à 7 ou 8 lieues en avant pour empêcher le blé d'être porté au marché en s'en rendant les maîtres, en sorte qu'il est à présumer que les laboureurs, voyant que l'on vient au-devant d'eux et qu'ils peuvent s'épargner une journée de voiture, vendent leur blé à la rencontre de ces commissionnaires et finiront par ne plus en apporter au marché » (pièce XXV). A l'imitation de ces commissionnaires, les petits marchands, quand ils ne peuvent arrêter les blés en route, les achètent au marché dès leur arrivée (pièce IX). Les officiers de police, pour amener une diminution du pain, essaient d'attirer à Orléans les boulangers forains, contrairement même aux anciennes ordonnances : cette mesure a sauvé la ville « de l'extrême disette depuis quinze jours », dit Cypierre ; mais il ajoute aussitôt : « Les gros boulangers ne sont pas jaloux de cette concurrence ; dans ce moment, ils sont garnis de blé ; ils sont peu empressés de faire du pain, parce que, voyant les achats de cette Compagnie que j'ai eu l'honneur de vous annoncer et sûrs de la disette qui en résulte, ils espèrent et se proposent de faire successivement augmenter le prix du pain à chaque marché. Leur système réussit » (pièce XXV). Or, « cette Compagnie », quelle est-elle ? Cypierre commence par ignorer jusqu'à son nom. C'est le Contrôleur Général qui le lui révèle par une lettre du 26 septembre, où il lui apprend qu'il vient de la dissoudre. Il s'agit de la Compagnie Malisset (pièce XLI). Même une fois qu'il connaît son existence officielle, Cypierre continue à l'accuser expressément de spéculer « aux dépens de la subsistance du peuple » et d'abuser « de la liberté indéfinie du commerce des grains ».

L'effet de pareilles opérations se conçoit aisément. Le peuple, première victime des pratiques de la Compagnie, le peuple, se voyant sans pain et réduit à la mendicité, souffre, s'irrite, s'aigrit, se révolte. Le subdélégué de Pithiviers signale des émeutes dans le chef-lieu de son élection et à Malesherbes (pièce III). A Orléans, les clameurs populaires, excitées par des affaires comme celle de Lasaillie, accusent tout le monde de la misère générale. L'intendant lui-même passe pour un monopoleur. Le Trosne, avocat du Roi au bailliage et officier de police, « auteur d'une brochure sur la liberté de l'exportation, et qui est connu pour faire le commerce des grains », est « tellement haï, pour ne pas dire méprisé, dans cette ville, que le peuple, en le voyant revenir de Paris au moment de l'augmentation du blé, l'a cité en plein marché pour être le premier auteur de sa misère » (pièce XX). En beaucoup d'endroits, on fait rétrograder les voitures conduites chez ceux qui passent pour les commissionnaires de la Compagnie, afin qu'elles soient déchargées au marché (pièce XXV). Des mouvements séditieux éclatent à Gien, à Montargis, sur tous les points de la généralité. A Romorantin, les femmes arrêtent une voiture de blé venant d'Auvergne vers Orléans (pièce LXXXIV). Au mois d'octobre, le comte de Saint-Florentin, devant se rendre dans sa seigneurie de Châteauneuf, hésite à passer par Orléans, où il redoute quelque émeute (pièce XXX). De jour en jour, la situation s'aggrave, et la Compagnie continue ses manœuvres ! Pas une lettre où Cypierre ne répète les mêmes plaintes ; pas une où il n'appelle l'attention du gouvernement sur les dan-

gers prochains. Sans doute, il le sait bien, le « tableau »
qu'il trace de la province n'est pas satisfaisant ; mais c'est
un tableau vrai. Il trouve même l'état des choses si inquiétant
que, pour sa part, il ne « répond de rien » (pièce IX). Au
mois d'octobre encore, il montre « le murmure du peuple »
devenant « de jour en jour plus sensible », à mesure que
ses maux vont croissant, par suite de « l'exécution trop
étendue d'une loi qui lui a été annoncée comme devant
assurer sa subsistance et son bien-être » (pièce LXVI). Pendant plusieurs mois, la fièvre et la terreur de la faim agitent
les populations sans relâche.

V

En même temps qu'il expose aux Contrôleurs Généraux,
L'Averdy d'abord, puis d'Invau, et à Trudaine de Montigny,
l'affreuse situation de sa province, Cypierre les supplie de
lui procurer les remèdes à tant de maux. Le mécontentement
général, les éclats qu'il a déjà provoqués, les colères qui
grondent, exaspérées par la souffrance, tout cela fait aux
administrateurs un devoir d'intervenir : il faut mettre un frein
aux manœuvres des « monopoleurs ». La liberté ne saurait
être un prétexte d'apparence légitime dont les plus odieuses
spéculations se colorent. Mais la législation nouvelle a
désarmé l'intendant. Il a bien tenté de secourir au moins la
ville d'Orléans en y faisant apporter les blés récoltés dans
ses propres terres de Chevilly (pièce IX) ; mais ce palliatif
est insuffisant. Il faut des remèdes plus radicaux que la bienfaisance et la charité privées.

Aux sollicitations de l'intendant, aux plaintes des populations, que répond le gouvernement ? Il conseille à Cypierre de
ne pas intervenir. Dès le premier jour, il lui donne cet avis. Il
ne cessera de le répéter par la suite. Rien de pire, en matière
de subsistance, que la main de l'administration ; dès qu'on la
voit paraître, on s'alarme, on redoute quelque événement fâcheux, puis on s'échauffe et on se révolte : en cette affaire,
l'intention du bien engendre le mal. Il ne faut donc pas que,

par son attitude et ses actes, voire par l'apparence même de l'attitude, l'intendant semble donner raison aux craintes et aux soupçons populaires. « Croyez, écrit Montigny, que tout le monde cherche à lire dans vos yeux la situation actuelle des choses, et que si on vous voit inquiet ou persuadé des mauvaises manœuvres des marchands, le peuple se portera à suivre de lui-même ces impulsions qu'il croira avoir reçues de vous, et cela ne servira peut-être qu'à accélérer un événement que vous craignez avec raison » (pièce XVIII). « Les voies d'autorité, dit à son tour le Contrôleur Général, sont souvent dangereuses ; mais, surtout dans cette matière, elles exigent beaucoup de prudence et de discrétion » (pièce VIII). En un mot, ne pas se montrer ému et ne pas agir, voilà quelle règle de conduite l'autorité supérieure dicte à son représentant. Cypierre suit le conseil, qui est aussi un ordre ; il s'évertue à paraître impassible au milieu des alarmes. Mais il déplore l'inaction à laquelle on le condamne. Il exprime vivement le regret d'avoir « les mains liées », parce que la foule, poussée par « l'esprit de vertige », suspecte une indolence dont elle ignore la cause. Elle finit par accuser l'intendant de participer au trafic sur les blés ; elle va même jusqu'à proférer des menaces d'incendie contre l'intendance (pièce IX). Or, plus Cypierre se plaint, cherche à sortir de l'inertie, plus le ministère lui prodigue les conseils de réserve et de circonspection. L'intendant se sent obligé de renouveler dans chaque lettre les assurances de sa fidélité à exécuter les volontés du gouvernement ; il montre qu'il affecte « l'air de la plus grande sécurité », ne donne aucun ordre, « n'a pas même l'apparence » de s'occuper des événements qui se passent autour de lui· « Je reviens de ma terre les jours de marché, écrit-il le 9 septembre, et je traverse la place sans escorte ni appareil, comme autrefois, dans les moments les plus tranquilles » (pièce XXII). Mais ces protestations ne convainquent pas le ministère. A mesure que l'intendant s'obstine à dénoncer les arrhements et les monopoles, son obstination semble plus blâmable ; elle devient suspecte. « Le ministre est monté contre vous, écrit l'évêque d'Orléans ; il vous croit la tête échauffée sans

raison » (pièce XXX). En sorte que Cypierre éprouve à la fois
la défiance de ses supérieurs et de ses administrés. C'est
que, s'il doit servir avec fidélité le roi, il ne croit pas avoir de
moindres « engagements » envers le peuple de sa province,
dont il se déclare le « premier patron et l'ange tutélaire ».
Il lui appartient d'assurer son bien-être et sa tranquillité
(pièce XXII) (1). D'ailleurs, que le ministère donne des ordres
précis : qu'il se mette d'accord avec lui-même ! En général,
il exige l'inaction : mais en même temps il requiert toute la
fermeté de son subordonné, notamment contre les fauteurs de
sédition ; il l'invite à dissiper « les terreurs qui les encou-
ragent », même en faisant appel à la maréchaussée (pièce XII).

Si l'intendant est tenu à la plus grande prudence, les officiers, au contraire, peuvent-ils agir ? Oui, dit le Contrôleur
Général. Ils sont armés. Il y a des règlements de marché,
notamment en ce qui concerne les heures pendant lesquelles
le peuple peut s'approvisionner de préférence aux boulangers
et aux marchands. Qu'ils fassent respecter ces prescriptions.
L'édit de 1764 n'a point mis de borne à la liberté du commerce
de grains. Mais il convient de laisser en vigueur ces règlements particuliers touchant les heures des marchés. Tel est
l'avis que le gouvernement commence par exprimer (pièce VI).
Le donner est plus facile que le faire suivre. Ou bien les officiers de police détestent une loi qui paraît diminuer leur autorité, ou bien, comme Le Trosne à Orléans, ils sont partisans de
la liberté la plus absolue. Il arrive donc que, par calcul ou par
principe, ils témoignent aux fraudeurs cités à leur barre une
indulgence excessive. Les juges d'Orléans refusent de condamner Lasaillie, du moins ne lui appliquent-ils qu'une peine
légère qui ressemble à un acquittement. Le tribunal décide
même de ne pas publier le texte de sa condamnation, et le « secret... lui donne aux yeux du public l'ombre de l'impunité »
(pièce V). Devant tant de faiblesse, L'Averdy lui-même finit
par s'étonner. Il fait savoir que le rôle des juges de police est
de maintenir sur les marchés « le bon ordre et la décence, qui

(1) Voir plus loin tout le passage, d'une chaude éloquence, commençant
par ces mots : « Un intendant administrateur de sa province... »

doivent avoir lieu dans toutes les assemblées du peuple nombreuses, pourvu que la liberté soit pleine et entière pour la vente et pour l'achat » (pièce XIX). Mais c'est une concession de pure forme. En réalité, le ministère est hostile aux règlements de marché. Montigny le prouve assez quand il les déclare contraires et fatals à la liberté. Si l'on a maintenu quelques usages locaux, comme la distinction des heures d'approvisionnement, c'est par tolérance et pour peu de temps, afin de « ne pas heurter de front les préjugés populaires ». Au fond, ces règlements sont inutiles (pièce XXI). Des avis aussi contradictoires et pleins de restrictions ne pouvaient ni renforcer l'autorité des officiers de police, ni encourager l'intendant à peser sur eux.

En prodiguant les conseils de prudence, en invitant son représentant à compromettre le moins possible son autorité, en faisant une sourde opposition aux droits des polices locales, le gouvernement ne prétendait pas seulement éviter cette intervention administrative qui jetait le trouble dans les esprits. Il obéissait encore à un autre sentiment. Longtemps, il refusa de croire aux monopoles. Tandis que Cypierre dénonce les commissionnaires de la Compagnie, le ministère doute ou nie. Au gré de Montigny, l'intendant se fait trop volontiers l'écho de clameurs et de doléances inspirées par les erreurs économiques en cours dans le vulgaire, autant que par la disette. Il ne faut pas attacher trop d'importance aux criailleries populaires, surtout quand elles s'attaquent à un magistrat « de beaucoup d'esprit et de mérite » comme Le Trosne, ou à d'autres « personnes bien plus élevées en dignités et respectables par la pureté de leur conduite » (pièce XXI). L'Averdy n'est pas moins défiant. Il prie l'intendant de s'assurer que les faits sont vrais et qu'ils sont graves. Il ne faut pas se contenter d'« énonciations » et de « terreurs vagues », que rien de précis n'étaie. « Le peuple ne raisonne guère en matière de subsistance » ; on ne doit pas se livrer à tous ses « préjugés » (pièce XVII). Ainsi mis en demeure de préciser, Cypierre éprouve d'abord quelque embarras. Il ne connaît la Compagnie suspecte que par « le cri du peuple » et par les rapports unanimes de ses subdélégués (pièce XX). Il est donc obligé de s'en tenir à des indices. Mais le Contrôleur Général juge qu'ils ne suffisent pas à expliquer une hausse excessive : il ne croit pas à la culpabilité des soi-disant monopoleurs. La cherté a des causes bien plus vraisemblables et démontrées. C'est la petite quantité de blés vieux qui restent, à la suite de l'approvisionnement des autres provinces, l'année précédente. C'est que les grains de la dernière récolte ne sont pas encore rentrés. C'est l'ignorance du peuple « qui ne connaît pas l'ordre des travaux de la campagne » et s'adonne d'autant plus aisément à son imagination inquiète (pièce XXIV). Mais Cypierre ne tarde pas à redevenir pressant ; il recueille des preuves qu'il juge graves : telle l'affaire des 105 sacs de blés envoyés de Saumur à Beaufils, d'Orléans, pour le compte de la Compagnie ; n'est-ce point là une démonstration irréfragable des pratiques qu'il ne cesse de dénoncer ? Le ministère ne se rend pas encore. « Il serait à désirer de savoir les vues et les idées singulières qui la font agir, répond Montigny, parlant de la Compagnie. Elles me paraissent contraires à toutes les spéculations connues du commerce. » D'ailleurs, qu'est-ce qui, dans l'espèce, prouve le monopole et les manœuvres frauduleuses ? Orléans est un lieu de passage, que les blés arrivant de Saumur doivent traverser en se rendant à destination. Il importe, en tout cas, de faire une enquête minutieuse avant de porter une aussi sévère accusation (pièce XXVI). Il faudrait au moins connaître les noms de ces « intéressés » dont on parle, écrit à son tour le Contrôleur Général, tâcher habilement de savoir par Beaufils lui-même « les vues de ses commettants ». Et il se livre, ici, à des réflexions curieuses où perce le désir de justifier, pour le moins d'expliquer le contrat passé avec Malisset. « Peut-être trouverez-vous que les intéressés dont il est question ne sont point habitants d'Orléans, qu'ils habitent Paris ou tout autre endroit, et que, ne pouvant trouver des grains dans les provinces qui avoisinent la capitale, ils en ont fait venir de Saumur » par Orléans. L'opération aurait donc pour but l'approvisionnement « d'une ville précieuse aux yeux du Roi ». Qui sait

encore si les « intéressés » ne se proposent pas de faire
vendre les blés tirés de Saumur au marché d'Orléans et de
les livrer à un prix plus bas que celui qui s'y pratique ? Alors,
c'est une pensée de bienfaisance qui les guide, dont la ville
ne tardera point à sentir les heureux effets (pièce XXVIII).
Les déclarations du syndic d'Huêtre ou du curé de Dambron
ne paraissent pas plus probantes à Montigny. Sans doute,
« quelques personnes ont acheté des blés dans les granges ».
Mais y a-t-il, dans tout cela, de quoi « convaincre un
homme d'avoir fait son possible pour enchérir le blé et se
rendre maître de cette immense provision qui couvre les
campagnes » (pièce LIX) ? Toutefois, malgré ses hésitations et son scepticisme, le Contrôle Général finit par donner
gain de cause à Cypierre. Il pouvait bien expliquer et
interpréter à sa façon les faits, mais non les nier. D'ailleurs,
vers la fin de septembre, un événement se passa, qui rendait
l'aveu plus commode, c'est la résiliation du contrat Malisset.
Le ton de la lettre par laquelle le Contrôleur Général
l'annonce à Cypierre (26 septembre) semble indiquer qu'il
ne répond pas seulement aux plaintes de l'intendant d'Orléans, mais à des doléances venues de toutes parts. « Il
s'est répandu dans le peuple, et même parmi les personnes
plus éclairées, dit-il, que différentes Compagnies, dont
quelques-unes même protégées par le gouvernement,
avaient part à ce renchérissement extraordinaire par des
achats considérables et indiscrètement faits. Ce fait, peu
vraisemblable en lui-même, vu le grand prix des denrées et
le peu d'apparence qu'il y a qu'elles demeurent à un prix
aussi disproportionné, est cependant devenu si général que
j'ai cru devoir vous prier de faire vérifier si, en effet, des
achats indirects ont lieu dans votre généralité, en vous
assurant que le Roi n'a autorisé aucune Compagnie à ce
commerce mal conçu. Sa Majesté vient même de terminer
et de résoudre une Compagnie connue sous le nom de
Malisset, dont l'objet était de conserver et de renouveler,
dans le cas de besoin, une quantité assez considérable de
blés qu'elle avait destinés à approvisionner Paris dans les
moments de cherté ou de disette. Ainsi, si quelqu'un se

d.sait autorisé de cette Compagnie, vous pouvez être sûr que c'est un prétexte pour faire son commerce plus facilement. A l'égard des faits concernant d'autres Compagnies qui feraient des manœuvres condamnables sur les marchés, je vous prie de m'informer exactement de tous ceux qui pour. raient venir à votre connaissance, afin que je puisse en rendre compte au Roi et mettre Sa Majesté à même d'y pourvoir » (pièce XLI). La lettre de L'Averdy justifiait les inquiétudes et les instances de Cypierre.

VI

On a essayé, par l'analyse qui précède, de faire connaître l'attitude de Cypierre et celle du gouvernement. M. Doinel a pris soin d'en accuser l'opposition. Il célèbre l'âme compatissante de l'intendant ; en regard, c'est « la fourberie », « l'hypocrisie habile, mais cynique » du Contrôleur Général et de Montigny. Il montre « l'autorité royale » complice d'un « pacte odieux » dont elle partage les bénéfices ; complicité cupide qui explique assez l'indifférence du ministère aux plaintes de l'intendant d'Orléans. « Tous ces faits signalés au pouvoir, dit-il, le trouvent calme, railleur même, et le Contrôleur Général répond au cri de la faim de toute la Beauce par des conseils platoniques et patelins sur la liberté d'exportation (1). » Certes, Cypierre fut généreux et bienfaisant, plein d'une sollicitude passionnée pour le bonheur de ses administrés. Mais accuser le ministère de fourberie et d'hypocrisie serait injuste. C'est en se dégageant de toute considération sentimentale qu'on appréciera impartialement le sens et la portée des faits ci-dessus exposés.

D'un bout à l'autre de sa correspondance, Cypierre se donne pour un partisan résolu de la liberté. Il rappelle qu'il fut « le premier » à la demander ; il la regarde comme très avantageuse ; car l'exportation, dans sa généralité, « ne peut produire que de très bons effets » (pièce VII). Dans

(1) Article du 21 août.

la plupart de ses lettres, il reproduit les mêmes déclarations. A la fin de novembre encore, consulté par le premier président du Parlement « sur l'objet du commerce des grains », il les renouvelle avec vigueur, qualifiant de « loi salutaire » celle qui a établi la liberté, parce qu'elle assure la subsistance des populations « par une réciprocité de secours » toute spontanée. Les règlements sont inutiles. L'expérience démontre qu'en matière de céréales, ils ont toujours amené un renchérissement, jeté l'alarme dans le peuple et occasionné des disettes. Au contraire, « la liberté de circulation peut entretenir l'abondance de proche en proche et établir ce niveau et cet équilibre que le blé doit avoir, par un prix moyen, qui encourage le cultivateur et auquel le journalier et l'artisan puissent atteindre » (pièce XCV). Si robuste est la conviction de Cypierre que, dans le mémoire du 20 novembre adressé au président d'Aligre, il s'élève contre ceux qui imputent « au danger de la liberté » la cherté actuelle des grains. Elle a, suivant lui, d'autres causes ; c'est le faible taux de l'intérêt de l'argent qui engagea dans des spéculations plusieurs marchands qui, faute de concurrence, ont pu maintenir les prix aussi haut qu'il leur a plu ; ce sont les pluies qui retardèrent les semailles et empêchèrent le cultivateur de battre son blé et de le porter au marché ; c'est la pénurie de blés vieux. Donc, rien là qui fasse grief au régime de la liberté et milite pour celui de la prohibition. Au contraire, insiste l'intendant, si l'on fait quelque règlement prohibitif, si on impose à la liberté des entraves, on manquera le but ; on ne fera que « porter atteinte aux propriétés, arrêter les spéculations utiles qui sont la ressource du peuple et entretiennent l'abondance dans les marchés, découragent le cultivateur sans apporter de soulagement aux journaliers et artisans » (pièce LXV). Le Trosne ou Turgot auraient signé ces lignes.

Or, l'homme qui se prononce si délibérément contre le système prohibitif et la réglementation est aussi celui qui, trois mois durant, s'obstine à solliciter le rétablissement et la rigoureuse application des anciennes ordonnances de police. Cette liberté qu'il préconise, il songe à la limiter. C'est qu'à son gré, on va trop loin en matière d'exportation ; on encourage l'exode des grains nécessaires à la subsistance de la généralité. Tel ne peut être le but de la loi, qui n'a visé que le superflu, « cette liberté ne paraissant avoir pour objet que l'excédent de la subsistance de chaque canton qu'il est naturel de faire verser dans les provinces qui ont besoin de cet excédent » (pièce XV). Mais comment conserver dans la généralité la quantité de grains indispensable à sa consommation ? En faisant respecter les règlements de marché. Voilà l'opinion que Cypierre, partisan de la liberté, développe en mainte lettre. Le blé et le pain sont des denrées spéciales, qui doivent être soumises à un régime d'exception. On ne saurait impunément leur assurer « la même liberté » qu'aux autres denrées. De là vient qu'il faut : 1° fixer dans les marchés des heures d'approvisionnement, différentes pour chaque catégorie d'acheteurs ; 2° interdire en dehors des marchés toute transaction, quelle qu'en soit la nature (pièce XLV). De pareilles mesures sont la garantie même de la liberté. Le mémoire au président d'Aligre se termine par ces lignes qui résument, à la fin de sa correspondance, la pensée de Cypierre : « Garnir les marchés, donner quelques heures de préférence au peuple pour s'approvisionner, cette précaution fera tomber les manœuvres que l'on soupçonne à quelques marchands de se revendre entre eux le blé dans le même marché pour en hausser le prix. On entretiendra l'abondance qui n'existera jamais sans la liberté ». Or, qu'est-ce justement que ces précautions destinées à « soutenir » la liberté, sinon les mesures prohibitives prescrites, depuis plusieurs siècles, par les ordonnances royales ou locales, confirmées et comme codifiées par les actes de 1699 et de 1723, qui formèrent, a-t-on heureusement dit, « la charte du commerce des grains pendant la première moitié du XVIIIᵉ siècle » ? Qu'est-ce autre chose par exemple, que ces articles 10 et 11 de la déclaration du 31 août 1699, interdisant, avant la récolte, sous peine de forte amende et de punition corporelle, tout arrhement de grains dans les fermes, sur les chemins, hors des marchés et lieux publics ? Ou que l'arrêt du 19 avril 1723, qui porte les mêmes interdictions touchant les endroits où pourront avoir lieu les ventes et achats de céréales ? Qu'est-ce enfin, sinon ces règlements locaux que la police d'Orléans avait établis pour assurer la subsistance de la ville ? Le régime de la prohibition reparaissait. Au surplus, Cypierre ne se bornait pas à demander une réglementation des heures de vente, mais aussi l'obligation pour les laboureurs de porter leurs blés aux marchés qu'il fallait « garnir ». Dans cet engrenage de règlements, le choix était difficile ; on ne pouvait arrêter la roue à un cran arbitrairement choisi. Tout se tenait : contraindre les cultivateurs à pourvoir les marchés, c'était, par voie de conséquence, interdire les ventes dans la campagne et dans la propriété ; c'était limiter le commerce, et l'étouffer en ses limites. Donc, Cypierre retournait à ces mesures coercitives qu'il avait « le premier » condamnées ; et, ce libre commerce des grains qu'il affectait de favoriser, il en embarrassait les mouvements. La crainte du « monopole », que, de son temps, beaucoup d'hommes éclairés partagent avec le peuple ombrageux, ne lui laisse pas percevoir la contradiction des principes qu'il affiche et des précautions qu'il réclame. Il regarde comme des actes répréhensibles, des « prévarications », les achats de blés faits directement par les négociants aux laboureurs et hors des marchés : ainsi jugeaient les ordonnances, arrêts et règlements généraux et locaux qu'il veut rétablir. Lorsque, quatre ans plus tard, Terray le consultera sur les effets de la législation libérale dans sa province, il s'exprimera encore dans le même sens avec une parfaite netteté. Sans doute, il y a eu hausse des prix et un assez grand mouvement commercial. Mais, il déplore ces résultats, dus à « l'avidité des cultivateurs ». Il condamne ouvertement l'édit de 1764, avant lequel « l'éxécution des anciens règlements de police maintenait l'abondance dans les marchés. On n'y voyait pas, comme depuis cette déclaration, une multitude de monopoleurs qui achètent et se revendent dans un même marché les grains pour en hausser le prix et se faire un état aux dépens de la subsistance des peuples. On n'imaginait pas d'aller arrher les blés sur pied ou dans les granges. Le cultivateur apportait ses grains au marché. Le peuple n'avait point à craindre chaque semaine d'en voir hausser le prix. Une liberté active, mais soumise à des précautions, éclairée par la surveillance des magistrats et concentrée dans l'exécution des règlements, maintenait dans le prix cet équilibre heureux, cette proportion essentielle à conserver entre le cultivateur et le consommateur. La déclaration de 1764 a détruit cette proportion (1) ». Rien donc n'est, à ses yeux, plus condamnable que « la liberté sans entraves ». Mais, comme ces entraves nous sont connues, on peut dire que Cypierre rétablissait subrepticement la réglementation prohibitive dans un régime de liberté ; ou mieux, qu'allant d'un contraire à l'autre, il était parti de celle-ci pour aboutir à celle-là.

VII

Le rôle du gouvernement, tel qu'il ressort de notre correspondance, atteste une inconséquence analogue, sans qu'il faille, pour l'expliquer, prêter au ministère des desseins malhonnêtes. Il n'est pas besoin de porter contre lui un de ces verdicts hautains de flétrissure dont l'historien ne doit pas abuser. De ce que L'Averdy et Montigny accueillent avec réserve les dénonciations de monopoles faites par Cypierre, on ne saurait tirer argument contre leur bonne foi. Leurs doutes, leurs hésitations, les conseils de prudence et de non-intervention qu'ils prodiguent à l'intendant, tout cela prouve-t-il leur connivence dans des machinations atroces dirigées contre la subsistance du peuple ? La vérité est que, fidèles au système de la liberté, L'Averdy et Montigny veulent que la loi faite pour abolir les prohibitions soit respectée. « Bien loin de croire que cette liberté peut autoriser le monopole, écrit L'Averdy, je pense au contraire que c'est le moyen le plus sûr de l'arrêter en lui opposant la concurrence la plus libre et la plus étendue. Si quelques personnes, peu instruites de leurs véritables intérêts, font des spéculations pour acheter du blé dans les environs d'Orléans dans le temps où il [est]

<hr>

(1) Voir à l'appendice la *Lettre de M. de Cypierre à l'abbé Terray.*

cher pour l'aller vendre à perte ailleurs, ne pouvez-vous pas présumer avec bien plus de vraisemblance que les marchands des lieux où il est à meilleur marché feront des spéculations plus sensées pour profiter du bon prix qui a lieu dans votre généralité ? » (pièce XIX). Ce langage est le même que celui du préambule de la déclaration du 25 mai 1763 : « Rien n'est plus propre à arrêter les inconvénients du monopole qu'une concurrence libre et entière dans le commerce des denrées alimentaires ». Montigny, zélé partisan des récentes doctrines économiques, soutient dans toutes ses lettres une opinion identique. « Le monopole... n'est jamais plus fort que dans les temps de prohibitions », écrit-il le 4 septembre (pièce XII). Il n'y aura jamais trop de liberté, dit-il encore le 9, et il n'y a pas de monopole qui puisse tenir devant elle. Si le prix des grains est trop élevé à Orléans, c'est qu'une « entrave » quelconque empêche d'y amener les blés de Blois, qui sont à meilleur marché, ou ceux de l'Auvergne, dont une récolte abondante a mis le prix très-bas. Et il conclut : « Je crois ces effets naturels infiniment plus puissants que tous les règlements du monde » (pièce XXI). Jusqu'au bout de la correspondance, il est conséquent avec lui-même sur ce point. Le 25 octobre encore, il déclare que le seul « remède » contre le monopole est « la libre et entière concurrence ». Au contraire, c'est la réglementation qui lui donne naissance. Lorsqu'elle a pour cortège la foule bigarrée des règlements « de toutes les sortes et de toutes les manières imaginées par les juges de police », la liberté n'est qu'un vain mot. « Au su et au vu de tout le monde », « au jugement de ceux qui ont le plus approfondi la matière », le régime des prohibitions « n'a point fait de bien » et « peut faire beaucoup de mal » (pièce LXXXII). Ailleurs, il déclare sans fondement les griefs de l'intendant et des populations. Même vrais, que prouvent les faits d'achats dans les granges et hors des marchés ? N'est-ce pas en cela que consiste le commerce, et autrement pourrait-il subsister ? Il faut que les laboureurs vendent à leur guise les produits de leurs récoltes, et que les marchands s'approvisionnent librement. Or, n'y a-t-il pas deux ou trois mois de l'année où les cultivateurs, retenus par les travaux de la campagne, ne peuvent porter leurs denrées aux marchés, et n'est-il donc pas naturel et légitime que les marchands aillent chercher dans les granges ce qu'ils ne peuvent trouver ailleurs ? Le commerce des grains a pour base la liberté de la circulation intérieure et celle de l'exportation (pièce LXXIII). Telles sont les raisons qui dirigeaient les actes du gouvernement : il semble bien qu'elles fussent solides. Il y avait, dans la conduite de L'Averdy et de Trudaine, mieux que de la cupidité mêlée de fourberie. Ils n'agissaient pas suivant des motifs de circonstance, mais d'après les principes mêmes au nom desquels avait été instaurée la législation nouvelle. Et tel était alors le crédit de ces principes auprès du pouvoir comme auprès des hommes éclairés, qu'ils se retrouvent expressément formulés jusque dans les lettres du successeur de L'Averdy. C'est d'Invau, en effet, qui, le 3 octobre, écrit à Cypierre : « J'ai toujours été fort porté à favoriser la liberté du commerce des grains, non-seulement pour que les laboureurs et propriétaires ne soient pas privés des fruits de leurs travaux et de leurs propriétés, mais peut-être plus encore pour procurer au peuple l'abondance des denrées nécessaires à sa subsistance et aux prix les plus équitables » (pièce LIV). Qu'on ouvre donc l'ouvrage qui, exerçant la plus grande influence sur les esprits, porta d'abord les coups les plus sensibles au régime prohibitif : on trouvera dans l'*Essai sur la Police générale des Grains* (1) les mêmes raisons, développées avec ampleur. Herbert déjà démontrait que la cause des alarmes et des désordres, c'étaient « les entraves et la contrainte » apportées au commerce des grains par l'intervention administrative. Depuis l'apparition de son important essai, en 1755, jusqu'à celle de la brochure de Le Trosne, en 1765, cette opinion est dominante. Le gouvernement, qui la défend encore en 1768, conforme donc son attitude à ses principes. Ayant établi la liberté, il la soutient.

Mais il la soutient mal. Rien de mieux que la concurrence entre les marchands ; aux yeux de tous, elle devait élever

(1) Édition de Berlin, 1755, in-8°.

les céréales à un prix rémunérateur de la production ; elle devait fortifier à la fois les producteurs et les négociants en provoquant entre eux une émulation et entre les prix un équilibre, dont le consommateur, finalement, profiterait. Mais, la concurrence eût dû être vraiment « libre et entière » ; en 1768, elle ne l'était pas. Depuis les récentes études sur le Pacte de Famine (1), on ne prétendrait plus sérieusement qu'il y eut entre le pouvoir royal et d'autres contractants une monstrueuse entente pour l'exploitation des besoins populaires et pour d'inhumaines spéculations. Mais le traité passé en 1765 par le roi avec la compagnie Malisset produisit des effets qui sont ceux du monopole. Certes, il n'y eut pas monopole au sens légal du mot. Le droit exclusif ne fut reconnu à personne de vendre ou d'acheter, d'accaparer les grains, « en sorte que tous ceux qui en ont besoin sont dans la nécessité de passer par ses mains et de lui en payer le prix qu'il y veut mettre (2) ». Nul droit non plus de réquisition, nulle tarification ou règlement de prix par le gouvernement en dehors de la volonté du vendeur. Néanmoins, étant autorisé à faire « au nom de S. M. » « toutes les opérations relatives à l'entretien et à l'approvisionnement des magasins du roi », Malisset se trouva le maître du marché, parce que fatalement il entrava la concurrence des autres négociants. On le voit bien par la correspondance Cypierre. Les commissionnaires qui, parcourant les campagnes, y pratiquent les « arrhements » de blés dans les granges ou les enlèvent à leur arrivée aux marchés, sont les agents d'une compagnie particulièrement forte de la protection royale. Malisset et ses représentants médiats ou immédiats jouissaient d'un crédit invincible, contre lequel il était au moins difficile de lutter utilement. Fermiers, petits propriétaires et boulangers se laissaient séduire par les promesses et par la générosité d'acheteurs qui étaient les « gens

---

(1) Voir notamment le chapitre qui lui est consacré par AFANASSIEV, *ouv. cit.* Chap. XIV. C'est la dernière étude qui ait été écrite sur la question ; elle donne la substance des travaux antérieurs de MM. Biollay (1885) et Bord (1887) ; elle les complète aussi.

(2) Voir la définition du « monopole » dans FERRIÈRE, *Dictionnaire de Droit et de Pratique.*

du roi ». S'étonnera-t-on que, pour résister à une pareille
concurrence, les petits marchands, aient, comme cela ressort
des documents ci-dessus analysés, essayé de se donner pour
des agents au moins officieux, chargés eux aussi de la gestion
des « blés du roi », et d'en imposer par là aux vendeurs ?
Mais si les déplorables conséquences des opérations gou-
vernementales éclatent par les souffrances et les plaintes de
la généralité d'Orléans, si le ministère gênait le commerce
qu'il avait prétendu délivrer et développer, est-il équitable
d'imputer au pouvoir royal la responsabilité de tous les excès
et abus commis en son nom, à l'ombre de son autorité ? Quels
que fussent les procédés de beaucoup d'entre ceux qui,
à juste titre ou en contrebande, se réclamaient de lui, doit-
il en porter la peine ? Il ne semble pas que la correspondance
Cypierre prouve l'existence du « pacte de famine ».

Mais elle prouve l'erreur et l'illogisme du pouvoir royal.
La législation de 1763-1764 avait ce caractère : dégager de
out obstacle artificiel le commerce pour laisser découler des
libres rapports entre producteurs, négociants et consommateurs leurs effets naturels. Or, en supprimant les anciennes
entraves, le gouvernement ne sut point bannir de ses
propres préoccupations tout souvenir du passé. Jusqu'au
XVIII° siècle, la police des céréales eut pour but d'assurer
la consommation des villes, surtout celle de Paris. De là,
par exemple, l'interdiction faite aux marchands d'acheter
des grains dans l'étendue de dix lieues aux environs de la capitale. Comme ces règlements particuliers ne furent pas abolis
par la déclaration de 1763, les difficultés d'approvisionner
Paris subsistèrent (1). Ce souci continua donc de peser sur le
gouvernement. Mais, pour se décharger des soins matériels de
l'affaire, il passa avec Malisset le contrat de 1765. Il lui remit
la garde des magasins royaux installés à Saint-Charles près
Paris, à Corbeil, à La Motte près Provins et au château de
Montceaux près Meaux ; il lui imposa l'obligation d'y conserver
oujours la quantité de 40,000 setiers de froment et de 425 de

. (1) Voir à ce propos AFANASSIEV, *ouv. cit.*, pp. 150 et suiv. D'ailleurs, ceux
ayant pour but l'approvisionnement de Paris furent « réservés » par l'édit de
1764. Voir plus loin, pièces XXXIII et XXXIV.

seigle ; enfin, il l'autorisa à installer des entrepôts à 20 ou 22 lieues de la capitale. N'était-ce pas l'intervention de l'État se chargeant des subsistances? N'était-ce pas donner l'apparence de raison aux doléances et aux clameurs du peuple qui rejetait sur le roi et ses ministres la responsabilité de disettes, dont la principale cause était souvent les mauvaises récoltes?

L'expérience n'avait pas servi au gouvernement. Ce qui eut lieu en 1768 ne fut que la répétition de faits antérieurs. Dès 1730, en effet, une compagnie privilégiée fonctionna, sous les auspices du Contrôle Général, pour assurer les subsistances de Paris. Comme celle de Malisset qui, en 1767, s'assura pour ses opérations le concours de trois financiers, Le Ray de Chaumont, Perruchot et Rousseau, la compagnie autorisée par le ministère Orry était formée de capitalistes. Lorsque son existence fut connue du public, le roi et son gouvernement se trouvèrent très vite en butte aux accusations qui reparaissent au temps de Malisset et dont la correspondance Cypierre nous apporte le douloureux écho. Le *Journal du marquis d'Argenson* est plein des imputations dirigées contre Louis XV, le ministre Machault et l'intendant des finances Courteille (27 août et 3 octobre 1752) (1). Ils sont accusés de vouloir se rendre maîtres du prix des vivres pour faire de gros bénéfices et de favoriser le « monopole » et les arrhements, à tout le moins de laisser faire. Ce qui se pensait et disait en 1752, on le répéta donc en 1768 : il advint ce qui ne pouvait manquer d'advenir. La correspondance Cypierre, en dépeignant les populations de l'Orléanais alarmées par les « manœuvres » de la société Malisset, justifie les raisons par lesquelles Herbert, en plusieurs endroits de son ouvrage, démontre l'inutilité et les dangers des grands magasins et des compagnies d'approvisionnement. « Il n'est que trop ordinaire, dit-il, d'entendre les plaintes des peuples et des villes même que le gouvernement prend soin d'approvisionner. La multitude est toujours déraisonnable, et n'imagine point, quand elle a faim, qu'on la soulage gratuitement. Ses murmures et ses insultes tombent toujours sur celui qui four-

(1) Voir MONIN, article sur le *Pacte de Famine*, au mot « famine » dans la Grande Encyclopédie, t. XVI.

nit à ses besoins ; elle n'a que lui en perspective ; c'est l'objet de son aversion. Si l'on ne paraissait se mêler ni d'achats ni de vente de blés, une gratification publique payée sur le champ à tout marchand qui en amènerait, apaiserait les soupçons, la crainte et la faim » (1).

Donc, en 1768, malgré ses excellentes intentions, le gouvernement arrêta l'essor du commerce des grains. Il dira vrai, lorsque, six ans plus tard, il exprimera le regret de l'avoir « écarté et découragé (2) ». En même temps, il se nuisit à lui-même pour n'avoir pas su, dans un régime de liberté, bannir l'opinion que l'État était tenu d'assurer les approvisionnements. Tout compte fait, après comme avant la législation libérale de 1763-1764, le roi se trouvait être, selon une expression heureusement concise, « le seul grand commerçant en blé de son royaume ».

VIII

Ainsi, d'une part, un administrateur éclairé et généreux qui réclame les mesures les plus contraires à la liberté dont il est partisan ; d'autre part, un gouvernement réformateur, désireux de corriger les erreurs administratives de ses prédécesseurs en matière de céréales, qui conserve sous la liberté les habitudes de la prohibition et rend impossible le commerce qu'il prétend favoriser ; voilà quelles contradictions fait saillir la correspondance Cypierre.

(1) *Essai sur la Police générale des Grains*, édition citée, p. 176. Voir pp. 28 et suiv. un autre passage où l'auteur montre bien les résultats économiques des entreprises royales d'approvisionnements. En 1779, dans son important ouvrage *De l'Administration Provinciale et de la Réforme de l'Impôt*, Le Trosne revient sur la même idée : « Le peuple... se conduit plus par la sensation du moment que par la réflexion. Accoutumé de longue main à voir l'administration s'occuper du soin de l'approvisionner, il s'en prend à elle des chertés, sans vouloir reconnaître que le blé ne pourrait être que plus cher encore dans le régime des prohibitions. » (Édition de Bâle, 1779, in-4°. Livre II, chap. IV, pp. 103-4.)

(2) Lettres patentes du 2 novembre 1774, rendues sur l'arrêt du 13 septembre précédent, qui réformait le commerce des grains dans le sens de la législation libérale de 1763-4. C'est la réforme célèbre de Turgot.

Elle annonce aussi que, de ces contradictions, la liberté va mourir. Les lois de 1763 et 1764 ne s'étaient point prononcées sur les règlements locaux. En bonne doctrine, ils étaient abrogés par définition : ainsi pensaient effectivement, on l'a vu, L'Averdy et Trudaine de Montigny. Mais, outre que, sur ce point, le ministère n'était pas toujours d'accord avec lui-même, prescrivant tantôt la fermeté, tantôt l'extrême prudence dans l'application, le silence de la loi favorisait les interprétations les plus arbitraires. A Orléans, les juges refusent de sévir contre les délinquants, et le lieutenant-général, Legrand de Melleray, déclare que l'édit de 1764 a « annulé tous les règlements antérieurs pour la police des marchés » ; même il défend à ses commissaires de citer devant lui qui que ce soit sous prétexte de contravention (pièce V). Ailleurs, au contraire, les officiers de police rendent des ordonnances pour confirmer ou pour rétablir les règlements de marché. Cypierre constate qu'ils vont « bien plus loin que l'édit de 1764 ne le permet » et dépassent « leur pouvoir et leur mission ». (pièce LXXV). A Blois, les règlements n'ont jamais été abrogés ; le procureur du roi les juge d'ailleurs insuffisants et voudrait que l'exportation fût interdite. A Chartres, dès le mois de juillet, le lieutenant de police a fait respecter les ordonnances sur les heures différentes où les marchés doivent être ouverts aux trois catégories d'acheteurs : peuple, boulangers et marchands : il a imposé aux négociants des déclarations, et l'un d'eux ayant transgressé ses prescriptions, il l'a fait emprisonner et a confisqué son blé. A Pithiviers, le 28 juin, l'ordonnance vexatoire de 1577 est rétablie. Le lieutenant de police, à Gien, interdit la vente hors des marchés. A Châtillon-sur-Loire, le siège de police, interprétant la déclaration de 1763, estime qu'elle n'est nullement contraire à celle de 1723, qui défend de vendre hors des lieux publics à ce destinés ; et, sur son réquisitoire, le juge « ordonne l'exécution de la déclaration de 1723 sans préjudice à celle de 1763 ». Étrange disposition ! ne peut s'empêcher d'observer Cypierre. A Montargis, on ne se borne pas à imposer la vente exclusive dans les marchés : on ordonne que les blés non vendus seront remis à la garde du fermier du minage pour être de nouveau exposés au marché suivant ; mais le commerce est défendu aux employés du minage et à tous autres préposés, ainsi qu'aux meuniers. Or, l'une des principales innovations de la loi de 1763 n'était-elle pas, au contraire, d'autoriser tous les sujets « de quelque condition et qualité qu'ils soient, même les nobles et privilégiés » à se faire commerçants en grains ? Si l'on en croit Cypierre, ces diverses mesures, partout où elles furent prises, provoquèrent une très vive agitation. Disposé naturellement à détester négociants et commissionnaires, le peuple, dès qu'il se vit ou se crut soutenu par les juges de police, s'emporta en violences contre les marchands et contre les voituriers. Plus d'une émeute n'eut pas d'autre origine que le rétablissement des règlements locaux. Les choses en vinrent au point que, le 4 novembre, deux marchands, à cause de l'ordonnance rendue par les officiers, n'osèrent même point enlever le blé qu'ils avaient acheté à Gien (pièce XC).

Ces contradictions entre les actes des magistrats locaux, là l'indulgence et ici la sévérité, les excès où la crainte des « monopoleurs » fait tomber les juges et entraîne à leur suite les populations, sont, aux yeux de Cypierre, aussi déplorables que les manœuvres qu'il dénonce. Pour y mettre un terme, il pense que le seul moyen serait d'imposer partout l'application des anciens règlements. Il faudrait « une loi non susceptible d'interprétation » (pièce LXXX), une loi fixe. Dès le début, il la réclama. Quand, le 21 septembre, le comte de Saint-Florentin l'invitait à donner des ordres pour que les laboureurs garnissent les marchés (1) (pièce XXXIII), il s'y refusait, demandant qu'on lui permît d'établir cette contrainte par une ordonnance publique. Le gouvernement ne lui accorda que la faculté d'adresser à ses douze subdélégués, le 24 septembre, une lettre circulaire qui les engageait à remettre les règlements locaux en vigueur, mais ce fut tout. La loi fixe qu'il désirait, il ne l'obtint pas. Seul, le Parlement, qui avait toujours été défavorable à la législation libérale, lui

(1) La lettre de Saint-Florentin porte que cette mesure est nécessaire, l'approvisionnement de Paris laissant à désirer.

donna satisfaction. Il rendit, le 2 décembre, un arrêt de remontrances, portant : 1° que tous ceux qui voudront faire le commerce des grains seront tenus de déclarer aux greffes des juridictions ordinaires les lieux où ils tiendront magasin et ceux où ils feront passer des blés ; 2° que nulle transaction sur cette denrée ne pourra se faire hors des marchés, que les officiers de police auront droit d'approvisionner, même de force ; 3° que les marchés seront ouverts aux acheteurs suivant les heures différentes fixées antérieurement ; 4° que l'exportation sera interdite pendant un an (pièce XCVI). Cet arrêt réduisait à néant la législation de 1763-1764 et restaurait le passé. Il ne devait pas tarder à recevoir la consécration du gouvernement (arrêt du Conseil du 23 décembre 1770).

Tout le bénéfice de la tentative libérale était perdu. A vrai dire, avait-il jamais été gagné ? Si la correspondance Cypierre porte en elle un enseignement, c'est que la liberté ne fut pas intégralement pratiquée. Dans une complicité involontaire, dont la constatation les eût sans doute fort surpris eux-mêmes, le ministère, les administrateurs provinciaux et les populations n'osèrent ou ne surent pas accepter les suites du régime nouveau. Par imprudence, par ignorance ou par crainte, ils le faussèrent. En sorte qu'après la promulgation des lois de liberté, l'expérience de la liberté restait à faire. Au fond, il s'agissait d'assurer la vie au commerce des grains. L'ancienne monarchie paraît avoir senti la gravité du problème ; mais, reprenant d'une main ce qu'elle avait accordé de l'autre, elle ne l'a pas résolu. Elle oscilla, hésitante, de la réglementation prohibitive à la liberté ; parfois même, elle laissa coexister les deux systèmes qui s'entre-combattaient, par suite soit des spéculations officielles soit de l'entêtement des autorités locales à maintenir les règlements et les droits de marché. Elle tourna donc dans un cercle vicieux sans en pouvoir définitivement sortir. Pour qu'il y eût du commerce, il fallait de la liberté ; mais, pour que la liberté fût utile, il ne fallait pas faire obstacle au commerce. En d'autres termes, il était nécessaire que la liberté économique fût concédée sans ambages secrets et que le pouvoir eût la force de la pratiquer. L'ancienne monarchie n'eut jamais cette force. Au reste, l'abbé Galiani ne prétendait-il pas que changer le régime de l'administration des céréales dans la France d'autrefois, c'était aussi changer la forme du gouvernement (1)?

(1) « Celui qui osera changer en tout l'administration des blés en France, s'il y réussit, aura changé en même temps la forme du gouvernement. » (Galiani au comte de Schomberg, 19 mai 1770). Cité par MORIN, *Essai sur l'histoire administrative du Languedoc pendant l'intendance de Basville*, p. 302.

RECUEIL DE LETTRES

ÉCRITES PAR M. DE CYPIERRE, INTENDANT D'ORLÉANS,

À

M. LE CONTROLEUR GÉNÉRAL, A M. DE MONTIGNY, INTENDANT DES FINANCES

ET AUTRES,

Avec leurs réponses et Pièces relatives au commerce des grains,

depuis le 1er juillet 1768 jusqu'à la fin de novembre de la même année.

ORLÉANS,

1768.

[I]

Lettre de M. de Cypierre à M. de Montigny, intendant des finances, du 20 juillet 1768.

M. — D'après les intentions de M. le Contrôleur Général dont vous avez eu la bonté de me faire part, je fais ce qui dépend de moi pour soutenir la liberté du commerce des grains dont je sens tout l'avantage, et prévenir toute sensation dans les marchés : je suis même assez bien secondé par les officiers de police d'Orléans. Mais, pour parvenir à l'exécution de mon plan, il est bien essentiel d'empêcher les manœuvres dans les marchés, et je vais vous déférer un fait qui vient de se passer sous mes yeux.

Il y a à Orléans deux marchés par semaine, un le mercredi, et l'autre le samedi; ce dernier est le plus considérable. Depuis quelques mois, ces marchés sont peu garnis, parce que les boulangers et marchands vont jusques à deux lieues et plus au devant des voituriers qui amènent du blé du Berry, qui est actuellement la seule province qui nous en fournisse, la Beauce étant complétement épuisée. Les officiers de police ont envoyé des commissaires : ce qui a diminué l'abus pour quelques marchés.

Ce matin, à neuf heures, il n'y avait pas encore de blé sur la place. Entre neuf et dix heures, il en est arrivé quelques voitures et, entr'autres, deux de beau blé du Berry, qui seules formaient un tas. Il est bon d'observer que le marché n'ouvre à Orléans qu'à midi pour la vente de ce que l'on nomme commerce, à deux heures pour les boulangers et à quatre heures pour les marchands. A dix heures et demie, mon secrétaire, passant sur la place du marché, a aperçu beaucoup attroupés (sic), qui se plaignaient amèrement de ce qu'on enlevait déjà le tas de blé dont il s'agit, d'autant que la vente ne devait naturellement s'en faire qu'à deux heures ou même quatre heures après midi. Mon secrétaire les a calmés par de bonnes raisons, et, ayant demandé pour qui on enlevait ce blé, il a appris que c'était le nommé Lasaillie, marchand de blé, qui le faisait conduire dans ses greniers. Ses informations ont sans doute donné de l'inquiétude au marchand ; car, le moment d'après, il a renvoyé le blé sur la place, ce qui a achevé de tranquilliser le peuple.

Cependant, comme la contravention est réelle et qu'il est essentiel de faire quelque exemple capable de tranquilliser les esprits, déjà inquiets par l'augmentation rapide du prix du pain, sans cependant nuire à la liberté du commerce des grains, j'ai envoyé mon secrétaire faire part aux officiers de police de ce qu'il venait de voir et les prier de faire constater le fait, afin d'infliger ensuite au nommé Lasaillie la punition qu'il mérite pour être contrevenu aussi grossièrement aux dispositions des règlements pour la munition des marchés et assurer la subsistance des peuples. Les officiers de police ont promis d'envoyer sur le champ un commissaire, qui n'aura pas manqué de témoins. J'ai de mon côté fait venir Lasaillie, qui ne m'a donné que de fort mauvaises excuses, et j'aurais fait un exemple utile en le faisant conduire en prison, seulement pour vingt-quatre heures ; mais j'ai cru devoir m'en tenir au jugement à prononcer par les officiers de police, sauf à vous en référer, M., en vous suppliant de me faire savoir si M. le Contrôleur Général aurait approuvé que j'eusse fait emprisonner le contrevenant et quelles seraient ses intentions en cas de récidive. Comme le jugement des officiers de police ne prononcera qu'une amende, je persiste à proposer, M., qu'il serait à désirer que M. le Contrôleur Général m'autorisât promptement à faire arrêter ce marchand pour le punir par quelques jours de prison, afin d'en imposer par cet exemple de sévérité.

Je suis, etc...

[II]

Autre au même, du 21 juillet 1768.

M. — Je suis effrayé des différentes lettres que je reçois de tous côtés pour m'annoncer la misère qu'occasionne dans la généralité d'Orléans la cherté du pain, dont cependant le prix est encore inférieur à celui de plusieurs autres provinces du royaume ; mais, cette cherté mettant le peuple dans le cas de ne songer qu'à se procurer du pain, il en résulte un déficit des autres consommations, conséquemment un engourdissement général dans toutes les branches de commerce et dans les manufactures ; ce qui fait refluer la misère sur les différentes classes de citoyens.

Je crois devoir, M., avoir l'honneur de vous envoyer entr'autres des copies de deux lettres de mes subdélégués à Dourdan et à Pithiviers, qui sont les villes qui ont fourni le plus à l'exportation et dont la majeure partie des habitants se trouve aujourd'hui dans l'impossibilité de se procurer du pain. Je vous supplie, M., de vouloir bien faire part à M. le Contrôleur Général du tableau que je présente en deux lettres et me faire savoir ses intentions. J'espère cependant que les approches de la moisson occasionneront une diminution sur le prix des blés semences et calmeront les esprits.

Je suis, etc...

[III]

Lettre du subdélégué de Pithiviers, du 30 juin 1768.

M. — Je ne dois pas vous laisser ignorer que la cherté du pain cause ici une grande misère dans la ville et dans les campagnes. Nombre d'habitants qui n'ont jamais mendié leur pain et que l'honneur empêche de chercher leur vie souffrent considérablement de la faim ; tels laborieux qu'ils soient, ils ne peuvent pas gagner de quoi nourrir leurs femmes et leur grand nombre d'enfants. Le manque de récolte en grains et en vin leur a enlevé toute ressource, et ceux qui n'ont uniquement que leurs bras ne trouvent aucun crédit pour emprunter du pain. Je suis instruit qu'il en est beaucoup qui ne vivent que de son détrempé dans du lait et de l'eau. Je sais même des laboureurs de cinq chevaux hors d'état d'acheter de l'avoine pour les nourrir d'ici à la moisson, et qui les font paître comme les bestiaux ; ils se retranchent même sur le pain pour attendre jusqu'à la moisson.

Pour surcroît de malheur, les levées considérables de blés que font les marchands de grains dans les marchés ont causé une grande augmentation du prix du pain depuis quinze jours et en faisaient appréhender une nouvelle. Il en est arrivé des émeutes à Pithiviers (1) et à Malesherbes (2), aux deux derniers marchés ; le peuple s'était attroupé pour empêcher le grain de sortir de la ville. Sur l'avis que j'en ai eu lundi dernier, je me suis rendu sur le lieu, où je suis venu à bout de tout pacifier avec les officiers de police. Les principaux auteurs sont venus chez moi le soir ; je leur ai fait tellement sentir les conséquences de leur conduite que je ne pense pas qu'ils récidivent. Je me suis rendu hier à Malesherbes, et j'ai vu avec satisfaction que le prix du blé avait diminué de 20 à 30 s. environ par sac. J'apprends aussi qu'il est diminué de même à Étampes (3) et à Mennecy (4), près Corbeil ; il a lâché à peu près de même aujourd'hui, jour de foire, en cette ville ; ce qui donne l'espérance d'une plus grande diminution.

Cependant, M., nonobstant les approches de la moisson et qu'il y ait encore du blé dans la province amplement pour sa subsistance, il est à craindre que le prix n'augmente encore si les levées continuent ; mais, quand il diminuerait encore, les pauvres ne peuvent y atteindre, et ils ont encore près d'un mois à souffrir en attendant la moisson. Je crois que, dans de telles circonstances, il serait bien avantageux d'obtenir de la bonté du Roi une certaine quantité de riz pour la subsistance des pauvres ; j'en ferais la distribution dans les paroisses qui en ont le plus besoin, du nombre desquelles sont celles d'Ascoux, Bondaroy, La Neuville, Boigneville, Orveau, Courcelles (5), dont on m'a cité des exemples affligeants.

(1) *Pithiviers*, département du Loiret, chef-lieu d'arrondissement.

(2) *Malesherbes*, département du Loiret, arrondissement de Pithiviers, chef-lieu de canton.

(3) *Étampes*, département de Seine-et-Oise, chef-lieu d'arrondissement (autrefois généralité de Paris).

(4) *Menecy*, département de Seine-et-Oise, arrondissement et canton de Corbeil (autrefois généralité de Paris).

(5) *Ascoux*, département du Loiret, arrondissement et canton de Pithiviers. — *Bondaroy*, département du Loiret, arrondissement et canton de Pithiviers. — *La Neuville*, département du Loiret, arrondissement de Pithiviers, canton de Puiseaux. — *Boigneville*, département de Seine-et-Oise,

Les laboureurs aisés, d'autre part, sont épuisés par les charités qu'ils sont obligés de faire aux mendiants ; mais ils ne soulagent pas les pauvres honteux, qui ne veulent pas paraître et qui ne demandent pas. Je vois encore un avenir fâcheux dans les dommages que la grêle vient de faire depuis un mois. L'on compte déjà douze paroisses dans ce département qui en ont été affligées, les 18 et 27 de ce mois.

Tous ces motifs sont plus que suffisants, M., pour vous porter à procurer des secours aux pauvres qui en ont actuellement besoin et à solliciter au Conseil une diminution proportionnée sur les impositions pour le prochain département.

Je suis avec respect, etc.

[IV]

Réponse de M. de Montigny, du 23 juillet 1768.

M. — J'ai reçu vos deux lettres du 20 et du 21 de ce mois. Je ne puis que partager avec vous la douleur que vous inspire la misère de plusieurs habitants de votre généralité. La mauvaise récolte qu'on a faite dans une grande partie des provinces de la France et le besoin qu'elles ont eu de tirer de votre généralité les subsistances qui leur ont été nécessaires ont occasionné cette cherté qui est bien malheureuse ; et je ne puis que vous exhorter beaucoup à procurer à ceux des habitants qui souffrent tous les secours que vous croirez pouvoir leur procurer. Si même vous voulez faire faire des distributions de riz, j'engagerai M. le Contrôleur Général à vous en faire passer. Je ne vois pas qu'il soit possible d'employer de moyen plus efficace de venir à leur secours. Je remettrai vos lettres sous les yeux du Ministre, qui vous en mandera sa façon de penser. Je crois aussi que vous devez redoubler de vigilance pour que tout se passe sur les marchés avec tranquillité et dans l'ordre convenable. L'événement survenu à Orléans, dont vous me parlez dans votre lettre du 20, est une contravention marquée à des ordonnances de police qui doivent être exécutées, et je crois que le particulier qui l'a commise mérite bien la punition qu'il encourra de la part des officiers

arrondissement d'Étampes, canton de Milly. — *Orveau*, département du Loiret, arrondissement de Pithiviers, canton de Malesherbes. — *Courcelles*, département du Loiret, arrondissement de Pithiviers, canton de Beaune-la-Rolande.

de police. Mais je vous avoue que je me ferais beaucoup de peine,
à votre place, de me porter à ordonner un emprisonnement pour
un délit de cette nature, dont la compétence appartient sans
difficulté aux juges de police. Vous savez d'ailleurs que, dans nos
lois, l'emprisonnement n'est point une peine que le juge prononce,
et on n'en fait ordinairement usage que dans le cas de pure
administration, où il ne serait pas possible d'admettre les voies
d'une instruction judiciaire. Par ces raisons, je craindrais fort que
vous ne vous compromissiez par une pareille voie d'autorité, et je
suis persuadé que M. le Contrôleur Général en pensera comme
moi. Il faut espérer que la proximité du temps de la récolte
apportera quelque relâche à cette cherté et qu'alors vous ne serez
plus dans le cas de craindre les inconvénients qui vous effraient.

Je suis, etc.

[V]

Lettre à M. de Montigny, du 31 juillet 1768

M. — Je ne puis trop vous remercier du riz que vous avez la
bonté de m'offrir pour distribuer aux habitants de la généralité
d'Orléans qui souffrent le plus de la cherté du pain. Je crois
devoir remettre à un autre temps pour profiter de votre bonne
volonté, la récolte commencée donnant de l'occupation aux malheureux et faisant espérer une diminution sur le prix des grains.
Mais, pour opérer cette diminution sans cependant nuire à la
liberté de l'exportation, je ne puis que vous répéter, M., qu'il est
de la dernière importance de prévenir les manœuvres qui se
pratiquent journellement dans les marchés, en tenant la main
à l'exécution des anciens règlements de police, dont l'objet est
d'assurer la subsistance des peuples que la cupidité des marchands pourrait facilement effrayer, s'il leur était permis d'aller
sur les routes arrêter les laboureurs qui viennent aux marchés ou
d'acheter du blé à son arrivée, comme le font les boulangers,
pour en faire ensuite un nouvel achat simulé, lors de l'ouverture
du marché, à un prix arbitraire et forcer par là les officiers
de police à augmenter le prix du pain. Ces abus, loin de faciliter
le commerce des grains, y sont, au contraire, fort nuisibles, font
naître l'apparence de la disette et jettent l'alarme dans l'esprit
du peuple qui en est très susceptible.

Le nommé Lasaillie, marchand de blé à Orléans, de la conduite

duquel j'ai eu l'honneur de vous informer, le 20 du présent mois,
était bien convaincu d'un de ces abus, et les officiers municipaux
qui font partie du siège de police m'avaient paru déterminés à lui
infliger une punition proportionnée tant au délit qu'aux suites
qu'il pouvait avoir. Mais le sieur Legrand de Melleray, lieutenant-
général de police, ayant mis de son parti quelques jeunes
conseillers du bailliage qui formèrent le surplus du siège, obtint
d'abord que l'affaire, au lieu d'être jugée à l'audience, serait mise
au délibéré. Lorsqu'il fut dans la chambre du conseil, alors,
au lieu de parler comme juge de Lasaillie, il essaya de l'excuser
en disant que l'édit pour la liberté du commerce des grains avait
annulé tous les règlements antérieurs pour la police des marchés ;
qu'en conséquence, il défendait expressément à ses commissaires
de citer les personnes qui contrevenaient à ces règlements ; il
opina ensuite pour que Lasaillie fût mis hors de cour ; mais il fut
seul de cet avis, et tout ce qu'il put obtenir, après avoir été
différentes fois aux opinions, ce fut que l'amende serait réduite à
50 l. et que la somme ne serait ni imprimée ni affichée ; de sorte
que le secret de cette condamnation, déjà trop modique par elle-
même, lui donne aux yeux du public l'ombre de l'impunité. Aussi
les officiers municipaux m'en ont-ils témoigné leurs regrets, ainsi
que leur sensibilité à la partialité qu'avait affectée le lieutenant-
général de police, qu'ils accusent de tenir hautement des propos
assez déplacés sur cet objet intéressant.

Dans ces circonstances, je vous supplie, M., de vouloir bien faire
écrire par M. le Contrôleur Général au sieur Legrand de Melleray,
pour le relever de l'erreur dans laquelle il est sur l'exécution des
règlements tendant à maintenir la police dans les marchés et à
assurer la subsistance des peuples en lui (*sic*) donnant, à l'ouverture des marchés, la préférence sur les boulangers et marchands
de blé, sauf à ceux-ci à faire ensuite leurs achats.

Je suis, etc.

[VI]

Réponse faite par M. le Contrôleur Général,
le 9 août 1768.

M. — M. de Montigny m'a remis la lettre que vous lui avez écrite
le 31 juillet dernier. Je vois avec peine les inquiétudes que vous
avez sur l'objet des subsistances, malgré les espérances que donne

la récolte ; il y a pourtant lieu d'attendre qu'elle procurera de la diminution sur le prix des denrées dans votre département, comme elle en a déjà produit dans plusieurs autres. Je désire bien que cette diminution se fasse promptement et qu'elle puisse calmer vos alarmes sur la liberté que le Roi a accordée au commerce des grains. Qdant aux règlements de police dont vous parlez, S. M. n'a point entendu déroger à ceux qui tendent à assurer le bon ordre et la tranquillité dans les marchés. Ainsi, ceux des règlements qui fixent une heure aux boulangers et marchands de blé pour ne paraître aux marchés qu'après les habitants et particuliers, afin que ceux-ci aient le temps de s'approvisionner, doivent sans doute être observés. Mais, comme chaque ville a des ordonnances particulières pour la police de ses marchés, si le lieutenant-général d'Orléans a négligé de faire exécuter celles qui ont pour but le maintien du bon ordre et de la tranquillité sur les marchés, ce ne pourrait être qu'à M. le Procureur Général (1) qu'on pourrait s'adresser pour qu'il lui recommandât d'y tenir la main en ce qui ne serait point contraire aux lois qui établissent la liberté du commerce des grains.

Je suis, etc...

[VII]

Lettre à M. le Contrôleur Général,
du 15 août 1708.

M. — La lettre que vous m'avez fait l'honneur de m'écrire le 9 du présent mois me fait présumer que je me suis mal expliqué dans la mienne du 31 juillet précédent à M. de Montigny. Car, loin d'avoir aucune alarme sur les suites de la liberté du commerce des grains, je regarde cette liberté comme très-avantageuse, et j'ai été le premier à la demander. Mon objet a seulement été de vous déférer, M., la conduite du lieutenant-général de police d'Orléans, qui, en refusant de tenir la main aux règlements dont le but est d'assurer l'ordre et la tranquillité des marchés, avait déjà excité des murmures, qui auraient pu avoir des suites fâcheuses, si la diminution successive du prix du pain depuis quelques marchés et l'espoir d'une assez bonne récolte n'avaient rétabli le calme dans l'esprit du peuple, facile à s'effaroucher de

---

(1) Il s'agit du Procureur Général du Parlement de Paris.

tout ce qui paraît gêner son approvisionnement pour sa subsistance. Je connais, M., tous les avantages de l'exportation, plus sensibles dans ma province que dans beaucoup d'autres, et je suis convaincu qu'elle ne peut produire que de très-bons effets.

Je suis, etc...

[VIII]

Réponse de M. le Contrôleur Général,
du 24 août 1768.

M. — Je vois avec plaisir que vous n'avez point changé d'avis sur les avantages de la liberté du commerce des grains. A l'égard de la police des marchés, je ne puis que vous dire ce que je pense sur cet objet, qui est que c'est aux juges de police à les faire exécuter et que je craindrais que vous ne vous compromettiez en interposant votre autorité sur cet objet. Les voies d'autorité sont souvent dangereuses ; mais surtout dans cette matière, elles exigent beaucoup de prudence et de discrétion. Je vois avec plaisir que tout paraît aujourd'hui bien calme et bien tranquille dans la ville d'Orléans ; la bonté de la récolte assurera cette tranquillité. Je suis, etc...

[IX]

Lettre à M. de Montigny, du 1ᵉʳ septembre 1768.

M. — Je n'ai jamais varié dans ma façon de penser relativement à la liberté du commerce des grains ; j'ai toujours regardé cette liberté comme très-avantageuse en général, et particulièrement à la province de l'Orléanais. C'est d'après ce motif que j'ai été le premier à la demander et que je serai sûrement le dernier à en désirer la suspension. Je me crois cependant obligé de vous témoigner mes inquiétudes, non sur l'effet de l'exportation, mais sur les suites des manœuvres qui se pratiquent à l'ombre de la liberté du commerce des grains et auxquelles je regarde comme très-instant de remédier. Je vais, Monsieur, vous rapporter des faits dont je suis le témoin journalier.

Il y a à Orléans deux marchés par semaine, le mercredi et le samedi ; ce dernier est le plus fort, et c'est ce jour-là que les officiers de police font la taxe du pain en rassemblant les prix des

deux marchés. Mercredi, 24 du mois dernier, il n'y avait pas un
seul sac de blé froment au marché, et, du samedi 13 au 27 courant, il y a eu successivement 14 s. 6 d. d'augmentation sur la
mine de méteil, faisant les 7/32 du setier de Paris : ce qui, conséquemment, opère une augmentation de 3 l. 6 s. sur ce même setier
de Paris ; aussi le pain de 6 l. a-t-il augmenté de 2 s. pendant cette
quinzaine.

Le peuple, qui n'ignore pas que la récolte est faite et assez
abondante, s'accoutume difficilement à voir augmenter le prix du
pain dans un moment où il devrait diminuer, et ses alarmes
augmentent lorsqu'il voit que le grain naturellement destiné à sa
subsistance traverse la ville pour être conduit dans des greniers
pour le compte d'une Compagnie particulière, qui, non contente
d'arrêter sur la route les blés qui arrivent à Orléans les jours de
marché, envoie des commissionnaires dans toutes les fermes et
fait arrher les blés à quelque prix que ce soit. Je ne puis me dissimuler ce fait, puisque ces commissionnaires ont parcouru la
semaine dernière, sous mes yeux, les différentes paroisses dépen-
dantes de ma terre de Chevilly (1).

Ces arrhements sont, selon moi, contraires à l'esprit de la liberté
du commerce des grains. M. le Comte de Saint-Florentin l'a pensé
ainsi sur les avoines, objet bien moins intéressant que le blé ; je
joins la copie d'une lettre que ce ministre m'a fait l'honneur de
m'écrire à cette occasion, le 5 novembre 1766. Les petits marchands
se modèlent sur cette Compagnie, et, re pouvant aller de pair avec
elle par l'insuffisance des fonds, se contentent d'arrêter sur la
route les voituriers qui conduisent leur blé au marché ou achètent
ce blé dans le marché même à son arrivée, sans attendre les
heures indiquées pour faciliter l'approvisionnement du peuple, et,
lorsqu'ils se sont ainsi rendus maitres de la majeure partie du
grain, ils en fixent le prix suivant leur cupidité, ce qui fait naître
la disette au sein de l'abondance.

J'ai pris la liberté, M., de vous exposer ces abus, notamment
les 20 et 31 juillet dernier ; j'ai reçu des réponses de M. le Contrôleur Général, bien différentes de celles du 30 juillet 1765, dont j'ai
l'honneur de vous envoyer une copie. Les officiers de police en ont
reçu, de leur côté, d'après lesquelles ils n'osent aller en avant.
Cependant les esprits s'échauffent, et, lorsque le mal sera venu à

(1) *Chevilly,* département du Loiret, arrondissement d'Orléans, canton
d'Artenay.

un certain point, il ne sera pas facile d'y remédier. Je vous avoue,
M., qu'il est douloureux pour moi d'être réduit à être simple spectateur de tous ces monopoles, dont tout l'odieux rejaillit sur
moi, parce que le public ignore que j'ai les mains liées. On pousse
l'esprit de vertige jusqu'à me taxer d'être moi-même marchand de
blé, et j'ai le désagrément d'apprendre qu'il s'est élevé des voix
pour mettre le feu à l'intendance si le pain continuait d'augmenter. Pour calmer les esprits, j'ai sans affectation fait dire à
mes fermiers de Chevilly de porter du blé au marché et de ne le
vendre qu'aux heures prescrites par les règlements de police. Cet
expédient a déjà réussi pour le marché d'hier mercredi et pourra
procurer une diminution sur le pain samedi prochain ; mais c'est
une faible ressource, et qui n'est que momentanée. Il est constant
qu'il ne reste plus de blé vieux. Or, les blés nouveaux étant arrivés
dans les granges, comment pouvoir espérer de voir garnir les
marchés, si ce n'est par cette même Compagnie qui, étant maitresse du prix, le fera monter ou baisser à sa fantaisie et suivant
les circonstances ?

J'ai l'honneur de vous répéter, M., que je désire plus que personne la liberté de l'exportation ; mais je suis convaincu que c'est
soutenir cette même liberté que de s'en tenir à l'esprit de la loi
qui l'autorise et de mettre un frein à la cupidité des gens qui se
réunissent pour en tirer seuls les avantages en faisant gémir le
peuple et le forçant, pour ainsi dire, à se porter à de fâcheuses
extrémités. Ce tableau n'est pas satisfaisant, mais il est dans le
vrai, et, si les choses restent dans le même état, je ne réponds de
rien ; j'aurai du moins la satisfaction d'avoir prévu les événements
et de vous avoir déféré le résultat de mes recherches. Dans cet
état, je vous supplie, M., de me faire savoir promptement si je
dois continuer de rester dans l'inaction qui m'est prescrite, ou, si
vous présumez que les circonstances exigent quelques ordres particuliers, vous voudrez bien m'en faire passer de positifs, en vertu
desquels je puisse agir sans aller au-delà de vos vues ni me compromettre. Je suis, etc...

[X]

Lettre de M. le Comte de Saint-Florentin,
du 5 novembre 1766.

M. — On m'a fait des représentations au sujet de marchands qui

vont dans les fermes ou métairies, aux environs de Nemours (1)
et autres endroits, y retenir toutes les avoines, afin de les tenir
ensuite au plus haut prix qu'ils le pourront. Rien n'étant plus contraire aux ordonnances et règlements, vous voudrez bien vous
informer de ceux qui pratiquent cette manœuvre, et, à moins
qu'on ne produise des ordres particuliers pour l'approvisionnement
de Paris ou autres, il faut obliger les fermiers à faire vendre leurs
avoines aux marchés, nonobstant les arrhes qui peuvent leur
avoir été donnés, sauf à les restituer aux marchands. Vous me
marquerez incessamment, s'il vous plaît, les ordres que vous
aurez donnés et les mesures que vous aurez prises pour empêcher
le cours de cet abus dans votre département, dont vos subdélégués
devraient vous avoir rendu compte, s'ils sont attentifs sur des
objets aussi intéressants. Je suis, etc.

[XI]

Lettre de M. le Contrôleur Général,
du 31 juillet 1768.

M. — J'ai reçu, avec la lettre que vous m'avez écrite le 12 de ce
mois, le procès-verbal du juge de Contres (2). L'édit du mois de
juillet 1764 ne prescrit aucune borne à la liberté du commerce des
grains. Cependant il est convenable de faire observer les règlements qui ont été faits pour la police des marchés, et particulièrement celui qui détermine le temps pendant lequel les peuples
doivent s'approvisionner par préférence. Ceux qui font le commerce
des grains trouvent dans les dispositions de l'édit assez de facilités
pour ne pas chercher à s'opposer aux usages et aux règlements
qui ont pour objet d'assurer la subsistance des peuples ; mais il
faut que les officiers de police se conduisent à cet égard avec la
plus grande circonspection et qu'ils évitent avec soin tout ce qui
pourrait causer de l'éclat et de la fermentation. Je suis, etc.

(1) *Nemours*, département de Seine-et-Marne, arrondissement de Fontainebleau, chef lieu de canton.
(2) *Contres*, département de Loir-et-Cher, arrondissement de Blois, chef-
lieu de canton.

[XII]

Réponse particulière de M. de Montigny,
du 4 septembre 1768.

Je ne puis vous céler, M., que votre lettre du 1ᵉʳ de ce mois
m'a véritablement et sensiblement affligé. Je vois que vous pensez
que, quoique la liberté du commerce soit une chose utile et même
nécessaire, il est cependant à désirer de mettre des obstacles au
commerce de quelques particuliers que vous regardez comme monopoleurs parce qu'ils vont chez les différents particuliers pour
acheter les grains qui leur sont nécessaires pour remplir leurs engagements. Je vous avoue, M., que je ne crois cependant pas
que la liberté puisse exister, s'il est des temps et des circonstances
où on croit pouvoir y mettre obstacle. Cette conduite détruirait
totalement la confiance si nécessaire à tous ceux qui font le commerce avec des vues droites et avec honnêteté et ne servirait qu'à
appuyer le monopole, qui n'est jamais plus fort que dans les temps
de prohibitions. Je ne suis point aussi étonné que vous du renchérissement qui paraît se faire sentir sur cette denrée dans un
moment où, les laboureurs n'ayant pas encore eu le temps de battre
leurs gerbes et tous les vieux blés ayant été consommés, il y a nécessairement de la recherche. Il est de ma connaissance que la plupart des gens de cette recherche sont les boulangers et les meuniers
dont les moulins sont en chômage, faute de blés, et vous sentez que
ce sont deux espèces de personnes au commerce desquels il y aurait le plus grand inconvénient de mettre obstacle. Je sais que les
artisans et ouvriers habitant dans l'intérieur d'une ville sont peu
en état de sentir ces grands principes, qu'ils ne sentent que le
renchérissement des denrées, sans en soupçonner d'autre cause
que ceux qui les gouvernent, qu'ils regardent toujours comme faits
pour leur procurer la subsistance, à quelque prix que ce soit. De là,
les propos insolents et qui sont assurément moins faits pour
vous que pour qui que ce soit et dont je ne suis pas étonné de
vous voir affecté. Il est bien singulier que ceux qui ont été jusqu'à
tenir les propos séditieux dont vous me parlez n'aient pas été arrêtés sur-le-champ et punis de manière à servir d'exemple aux autres.
J'ai l'expérience, d'après plusieurs événements do même nature,
avec quelle facilité on arrête ces fermentations populaires ; quelques cavaliers de maréchaussée sont suffisants dans ces occasions

pour en imposer ; mais il faut de la fermeté, et surtout dans le principe. Quant à la police des marchés, je ne puis rien vous dire de bien positif sur cet article, et la localité est de si grand poids dans ces matières qu'il est difficile de décider de trente lieues. Je ne vois pas un grand inconvénient à destiner une partie de la durée du marché à l'approvisionnement du peuple, surtout lorsque l'usage paraît avoir consacré cette espèce de règlement.

Mais, M., je vous ai écrit à cœur ouvert sur cette matière ; rien ne serait si dangereux pour vous que de vous compromettre à punir par des ordres de prison ceux qui y contreviendraient. Vous savez que de pareils ordres ont souvent eu bien de l'inconvénient pour plusieurs de vos confrères. Je vous assure que c'est pour vous éviter de pareils désagréments que je vous ai écrit ma façon de penser sur l'exemple que vous vouliez faire en la personne du nommé Lasaillie ; je vous conseillerai toujours bien plutôt de faire agir les officiers de police dans de pareilles occasions. Au surplus, M., vous vous plaignez d'avoir les mains liées ; je vous assure que je n'y ai nulle part. Je crois ne pouvoir mieux faire que de m'en rapporter à votre prudence et à votre amour du bien public. Je vous dis mon avis bien ouvertement, parce que je vous estime assez pour n'avoir vis-à-vis de vous aucune réticence et que cette ouverture est très-conforme à mon caractère. Mais je n'ai et ne puis avoir aucune direction à vous donner; c'est à M. le Contrôleur Général à vous prescrire la conduite que vous avez à tenir. Pour moi, vous pouvez être sûr que je m'en tiendrai toujours au rôle de faire valoir auprès de lui votre zèle et votre prudence. Puisqu'il vous a autorisé à empêcher qu'on ne vende aux marchands pendant les premières heures du marché, vous ne pouvez mieux faire que de suivre ses instructions. Chargez les officiers de police d'y veiller ; tâchez de savoir plus particulièrement les vues et les liaisons de la Compagnie de commerce dont vous me parlez ; tâchez de l'engager à entretenir l'abondance. Ces voies de conciliation sont souvent plus efficaces que les règlements, qui ne sont jamais bons pour toutes les circonstances. Vous sentez qu'il est impossible de les diriger et que c'est de votre prudence et de votre connaissance du local que vous devez principalement prendre conseil. Vous voyez avec quelle confiance je réponds à celle que vous me marquez. Vous sentez que ce doit être pour vous seul, et je ne puis m'empêcher de vous rappeler que j'ai été instruit que vous avez montré une de mes lettres pour autoriser la punition du nommé Lasaillie. Je n'ai, M., et ne veux avoir aucune autorité ;

mais je veux conserver avec vous une correspondance de confiance qui m'honore et qui ne peut être utile qu'autant qu'elle demeurera entre nous deux. D'après tout ceci, ayez la bonté de me mander ce que vous désirez que M. le Contrôleur Général vous écrive pour vous rendre l'activité que vous vous plaignez d'avoir perdue. Souvenez-vous, je vous prie, que le conseil que je vous donne, dicté par l'attachement le plus sincère, est de contenir le peuple et d'établir la liberté du commerce, et soyez persuadé de l'attachement respectueux avec lequel j'ai l'honneur d'être, etc.

[XIII]

Lettre à M. le Comte de Saint-Florentin,
du 2 septembre 1768.

M. — Je connais tout l'avantage de la liberté du commerce des grains ; aussi ai-je été le premier à la demander, et serai-je sûrement le dernier à en désirer la suspension. Je me crois cependant obligé de vous déférer mes inquiétudes, non sur l'effet de l'exportation, mais sur les suites des manœuvres qui se pratiquent à l'ombre de la liberté de cette exportation, et auxquelles je regarde comme très-instant de remédier. Je vais, M., vous rapporter des faits dont je suis témoin journalier.

Il y a à Orléans deux marchés, etc.. (*suivre littéralement la lettre écrite à M. de Montigny, le 1er septembre 1768, jusqu'au 4e alinéa : ces arrhements sont..*). Ces arrhements sont, selon moi, bien contraires à l'esprit de la liberté du commerce des grains. Vous l'avez pensé ainsi, M., sur les avoines, objet bien moins intéressant que le blé ; permettez-moi de vous rappeler la lettre que vous m'avez fait l'honneur de m'écrire à cette occasion, le 5 novembre 1766.

Les petits marchands se modèlent sur cette Compagnie, et ne pouvant aller de pair (*suivre le reste de cet alinéa de la même lettre*). J'ai exposé ces abus à M. le Contrôleur Général, dont les réponses me réduisent au silence et à l'inaction. Les officiers de police en ont également reçu, d'après lesquelles ils n'osent aller en avant. Cependant les esprits s'échauffent (*suivre la lettre de M. de Montigny jusqu'au dernier alinéa*).

Ce tableau n'est pas satisfaisant, mais il est dans le vrai. Je viens de le tracer également à M. le Contrôleur Général, en lui ajoutant que, si les choses restent au même état, je ne réponds de rien. Je le supplie en même temps de me faire savoir très-promptement si je dois continuer de rester dans l'inaction qu'il m'a prescrite, ou, dans le cas contraire, de me donner des ordres positifs, d'après lesquels je puisse agir sans me compromettre.

J'ai l'honneur de vous rendre compte, M., de l'état actuel des choses, ainsi que de mes démarches, parce que, s'il arrivait quelque fâcheux événement, j'aurais du moins la satisfaction de m'être mis à l'abri de tout reproche, vous ayant prévenu, M., ainsi que M. le Contrôleur Général, des motifs de la fermentation qui règne dans les esprits et vous ayant demandé vos ordres que je vous supplie de me faire passer incessamment. Je suis, etc.

[XIV]

*Réponse de M. le Comte de Saint-Florentin,
du 8 septembre 1768.*

M. — J'ai communiqué à M. le Contrôleur Général la lettre que vous m'avez écrite le 2 de ce mois, et vous recevrez incessamment sa réponse à vos observations. Je suis, etc.

[XV]

Lettre à M. le Contrôleur Général, du 3 septembre 1768.

M. — Au moyen des précautions que j'ai prises soit vis-à-vis de mes fermiers soit avec quelques marchands de blé à Orléans, j'ai lieu de présumer que le marché d'aujourd'hui sera suffisamment garni ; ce qui pourra procurer une légère diminution, ou du moins arrêter l'augmentation rapide qui a donné l'alarme. Mais, mes fermiers n'ayant plus de blé et n'ayant pas encore battu le nouveau, ils m'ont prévenu qu'ils ne pourraient pas continuer de garnir les marchés ; de sorte que, mercredi prochain, il n'y aura peut-être pas plus de blé en vente que le mercredi 24 août. Alors les plaintes se renouvelleront, les esprits s'échaufferont de nouveau, et les précautions que je prendrai pourront tout au plus retarder les effets de la fermentation.

Je crois aussi devoir avoir l'honneur de vous envoyer la copie d'une lettre que je viens de recevoir de M. de Bury, lieutenant-général de police et mon subdélégué à Romorantin. C'est un homme sage et prudent, le style de sa lettre l'annonce assez. Vous y verrez, M., un tableau qui vient à l'appui de celui que j'ai tracé par ma lettre du 1ᵉʳ de ce mois à M. de Montigny en lui demandant vos ordres. M. de Bury convient comme moi des avantages de l'exportation ; mais il s'élève contre les monopoles, surtout contre les arrhements des grains dans les greniers et les granges ; on m'a même assuré qu'il en avait été vendu sur pied.

Enfin, M., le cri du peuple est général, et les différents avis que je reçois, suivant lesquels la récolte que l'on vient de faire n'est pas aussi bonne qu'on s'en flattait, par le défaut de qualité du grain, font craindre un avenir plus effrayant, si vous n'avez la bonté de donner des ordres précis pour faire cesser les manœuvres, annuler les arrhements faits dans les greniers ou les granges, sauf aux marchands à faire leurs achats dans les marchés après les heures réglées par la police pour l'approvisionnement du peuple et à le (*sic*) transporter ensuite où ils voudront, pourvu qu'ils l'aient acheté au marché. C'est, selon moi, le seul moyen de rétablir la tranquillité sans nuire à la liberté de commerce des grains, cette liberté ne paraissant avoir pour objet que l'excédent de la subsistance de chaque canton, qu'il est naturel de faire verser dans les provinces qui ont besoin de cet excédent.

Je vais engager les officiers municipaux à prendre des mesures pour que le marché de mercredi prochain soit garni, parce que, dans l'intervalle, j'espère que vous aurez la bonté de me faire savoir vos intentions en me prescrivant la conduite que je dois tenir dans une circonstance aussi critique.

Je suis, etc.,

[XVI]

Autre lettre à M. le Contrôleur Général,
du 4 septembre 1768.

M. — J'ai eu l'honneur de vous rendre compte hier matin des précautions que j'avais prises pour faire garnir le marché du même jour. Il s'y est effectivement trouvé suffisante quantité de blé, et, en conséquence, le peuple se flattait de voir diminuer le prix du pain ; je l'espérais moi-même. Mais la surprise a été générale lorsque l'on a constaté que le prix du blé avait été le même que celui de la semaine précédente, et ce par une suite des monopoles qu'exercent les marchands de blé et gros boulangers en arrhant les blés, soit en route ou dans le marché même, avant les

heures fixées par les règlements de police, et se rachetant ensuite
ces mêmes blés à un prix beaucoup plus haut que celui de la véritable acquisition. Ce sont cependant ces ventes simulées, que l'autorité seule peut découvrir et arrêter, qui font subitement hausser
le prix du blé et déterminer les officiers de police dans la taxe du
pain.

Enfin, M., samedi dernier, un de ces boulangers a fait un achat
sur le pied de 7 l. 8 s. la mine d'Orléans pesant 50 livres, ce qui
fait 35 l. 10 s. 4 d. pour le setier de Paris, tandis que le prix commun du surplus des achats a été fait sur le pied de 6 l. 2 s. 6 d. la
mine. Une différence aussi considérable annonce bien clairement
la fraude, et cette fraude serait facile à découvrir et à faire cesser
en usant d'autorité vis-à-vis du vendeur. qui, s'il était intimidé,
dévoilerait bientôt la convention faite entre lui et l'acquéreur. Un
autre boulanger demandant du blé au marché a offert et voulu
donner un prix plus considérable que celui même qui lui était demandé, afin de hausser par le prix de son marché le prix du pain.

Enfin, M., je ne puis plus espérer de voir sitôt les marchés aussi
bien garnis que samedi dernier, de sorte que j'aurais tout à
craindre pour la suite, si les monopoles continuaient d'être
tolérés. Mais j'espère que le tableau fidèle que je vous ai tracé de
notre situation par ma précédente lettre vous déterminera, M., à
prendre les mesures capables de rétablir la tranquillité dans les
esprits échauffés de voir naitre la disette au moment d'une récolte
assez favorable. Ces mesures, loin de nuire à la liberté du commerce des grains, ne peuvent au contraire que la soutenir.

Je suis, etc.

[XVII]

*Réponse de M. le Contrôleur Général
aux deux lettres ci-dessus, du 7 septembre 1768.*

M. — Je vous avoue toute ma surprise des lettres que vous
avez écrites en dernier lieu à M. de Montigny et à moi. Vous parlez favorablement de la liberté de commerce des grains, et cependant aucun de MM. les intendants ne m'a encore porté des plaintes
aussi vives sur les effets de cette liberté. Vous me parlez de vous
autoriser à annuler tous les arrhements de blé ; mais connaissez-
vous bien particulièrement ces espèces de marchés, qui se diver-
sifient de toutes les manières possibles ? Vous voulez que je vous

autorise à annuler, sans forme de procès, sans aucune instruction préalable, un nombre infini de conventions avant de les avoir vues, d'en connaître les clauses, de savoir s'il y a lésion d'un côté ou d'un autre. Vous me dites qu'on vous assure qu'il y a eu des arrhements, et, sur une énonciation aussi vague, vous voulez que je vous autorise à détruire ces marchés qui avaient été autrefois proscrits par des lois, lois qui ont paru avoir tant d'inconvénients que S. M. a jugé à propos d'y déroger par une déclaration du 25 mai 1763 rendue avec la plus grande connaissance de cause. Rappelez-vous, M., tous les principes de la matière que vous avez sûrement entendu discuter bien souvent, et convenez que, bien loin de favoriser la liberté du commerce, vous pensez qu'elle ne peut être que nuisible à l'État. Vous me dites qu'on vous a dit qu'il y avait des marchés illicites sur les grains ; quels sont-ils, ces marchés ? Ne dois-je attendre de votre activité et du soin que vous donnez à votre généralité que des ouï-dire et des terreurs vagues que je ne vois appuyés d'aucun fait ? Si ces marchés dont vous me parlez n'ont pour objet, comme je le présume, que les achats faits de bonne foi par des boulangers et des fariniers, dont le métier est de vendre du pain ou de la farine au peuple, ne vous repentiriez-vous pas d'avoir annulé des mesures qui, pour avoir été prises sans concert avec vous, n'en iraient que plus directement à l'objet que vous avez en vue, et d'avoir sacrifié le véritable intérêt du peuple à la satisfaction de voir un marché bien garni ? Pesez ces réflexions, M., je les crois fondées. Informez-vous des marchés dont vous me parlez ; tâchez d'avoir quelques certitudes, au lieu des ouï-dire dont vous me parlez ; suivez cette partie avec toute l'attention qu'elle mérite ; peut-être reconnaîtrez-vous combien peu on doit compter sur des propos populaires, et combien l'administration doit donner d'attention à n'agir que sur des faits bien vérifiés et bien constatés. Je ne puis qu'approuver les mesures que vous avez prises pour faire porter au marché les grains de votre terre. Si vous pouvez engager quelques autres bons citoyens à en faire de même, ce sera un grand bien ; mais n'employez pas de contrainte ; prenez les mesures les plus propres à contenir le peuple qui ne raisonne guère en matière de subsistances, mais qu'on servirait toujours très mal en se livrant à tous ses préjugés. Quant à ce que vous me demandez au sujet de l'heure des marchés, je vous ai mandé ce que j'en pensais, et, si vous croyez ce règlement absolument nécessaire à exécuter, engagez les officiers de police à le faire exécuter ; mais ne vous compromettez pas à donner

sur cet objet des ordres extra-judiciaires qui auraient beaucoup
d'inconvénients, et croyez que votre marché sera toujours moins
garni, à mesure qu'on y trouvera moins de facilité à vendre et à
acheter librement. Au surplus, comme il n'appartient ni à vous ni
à moi de décider sur des matières de cette importance, le Roi se
fera rendre compte en son Conseil, dans le mois prochain, de toutes
les objections faites contre le système de la liberté du commerce.
La matière y sera agitée en sa présence par les ministres et autres
membres de son Conseil, et S. M. statuera en grande connaissance
de cause. Je mettrai vos observations sous ses yeux, et je vous ins-
truirai de ses intentions que vous exécuterez exactement.

Je suis, etc.

P.-S. — Il est essentiel, M., de vous assurer de la vérité ou de la
fausseté et du plus ou moins d'étendue des faits dont vous me
parlez avec tant de force dans votre lettre. J'ai déjà été dans ce
cas. J'ai répondu aux juges de police d'informer, et, après les pro-
cédures, ils m'ont mandé que les faits se trouvaient faux. C'est ce
qui m'oblige d'être très réservé dans de pareilles occasions et de
demander des vérifications préalables. Je vous exhorte au courage
et à la fermeté, mais à ne pas vous compromettre sur cette matière
en faisant emprisonner de votre ordre. J'ai éprouvé ce qui résul-
tait de pareilles démarches, et c'est par attachement pour vous
que je vous en fais l'observation. Il vaut bien mieux se concilier et
faire agir les officiers de police.

[XVIII]

*Réponse particulière de M. de Montigny, du 8 septembre 1768,
à la lettre du 4.*

Je vois, M., par une lettre de vous que M. le Contrôleur Général
me renvoie et qui est datée du 4 de ce mois, que vous l'assurez
qu'il est à votre connaissance que les boulangers d'Orléans ont
fait une manœuvre pour faire monter fictivement le prix du blé,
afin d'obtenir de la police une taxe plus avantageuse. Une manœuvre de cette espèce me paraît des plus condamnables, et c'est
le fruit du privilège exclusif de vendre du pain dont jouit cette
communauté et de la taxe qu'on fait rigoureusement à Orléans sur
le prix de cette denrée. Partout où la liberté est gênée, on voit
l'empreinte du monopole. Mais, dans l'état où sont les choses, vous

pourrez, à ce que je crois, vous informer, le plus secrètement que
vous le pourrez, de celui qui s'est livré à une manœuvre d'autant
plus déplacée qu'au moyen du privilège des boulangers, ils n'ont
pas la concurrence des étrangers à craindre. Mais il est bien essentiel de ne pas jeter l'alarme par des perquisitions trop éclatantes,
par des plaintes qui peuvent percer dans vos bureaux et par
d'autres choses qui pourraient déceler de votre part le manque de
confiance et d'assurance suffisante. Croyez que tout le monde
cherche à lire dans vos yeux la situation actuelle des choses, et
que, si on vous croit inquiet ou persuadé des mauvaises manœuvres des marchands, le peuple se portera à suivre de lui-
même les impulsions qu'il croira avoir reçues de vous, et cela ne
servira peut-être qu'à accélérer un événement que vous craignez
avec raison. Je ne puis m'empêcher de penser que si, par malheur,
des précautions trop grandes venaient à éloigner les marchands
de dessus votre marché d'Orléans, il serait infiniment moins garni.
Vous m'avez parlé avec confiance, M. ; vous voyez que je vous
réponds de même. Vous connaissez mieux que moi les principes, et
je ne vous les rappelle que pour répondre à la consultation que
vous avez paru désirer de me faire. Je vous réponds particulièrement, parce qu'une réponse de M. le Contrôleur Général traînera
quelque temps et que je sais combien la promptitude de la correspondance est tranquillisante dans la situation où vous êtes.
Vous connaissez M., le respectueux attachement avec lequel j'ai
l'honneur d'être, etc.

[XIX]

Autre réponse de M. le Contrôleur Général, du 11 septembre 1768.

M. — M. de Montigny m'informe qu'il vous a écrit particulièrement, d'après le renvoi que je lui avais fait de votre lettre du 4 de
ce mois. Je pense comme lui sur l'objet des boulangers. Si quelqu'un d'eux s'est rendu coupable du fait que vous me déférez,
c'est un marché manifestement frauduleux et qui mérite d'être
réprimé. Je ne sais pourquoi les juges de police pensent que je
leur ai lié les mains. Je pense au contraire qu'ils ne peuvent
donner trop d'attention à entretenir sur les marchés le bon ordre
et la décence, qui doit avoir lieu dans toutes les assemblées de
peuple nombreuses, pourvu que la liberté soit pleine et entière
pour la vente et pour l'achat, et, bien loin de croire que cette li-

berte peut autoriser les monopoles, je pense au contraire que c'est le moyen le plus sûr de l'arrêter en lui opposant la concurrence la plus libre et la plus étendue. Si quelques personnes, peu instruites de leurs véritables intérêts, font des spéculations pour acheter du blé dans les environs d'Orléans, dans le temps où il est cher, pour l'aller vendre à perte ailleurs, ne pouvez-vous pas présumer, avec bien plus de vraisemblance, que les marchands des lieux où il est à meilleur marché feront des spéculations plus sensées pour profiter du bon prix qui a lieu dans votre généralité? Vous avez déjà dû recevoir de moi une lettre sur cet objet, et je vous écrirai plus particulièrement par le premier ordinaire. En attendant, vous pouvez prévenir les officiers de police que, bien loin de leur lier les mains sur ce qui concerne l'ordre et la tranquillité à obtenir dans les marchés, je ne puis que les inviter à y donner la plus grande attention et à réprimer le plus promptement qu'il sera possible ceux qui, par des propos séditieux, chercheraient à troubler cet ordre et à exciter des manœuvres et de la fermentation dans le peuple.

Je suis, etc...

[XX]

Lettre à M. de Montigny, du 7 septembre 1768.

M. — J'ai reçu avec bien de la reconnaissance la lettre que vous m'avez fait l'honneur de m'écrire le 4 de ce mois. L'intérêt que vous paraissez prendre à ma peine me console et soutient mon zèle, et je ne puis assez vous exprimer combien je suis sensible à la confiance que vous avez la bonté de me témoigner. J'adopte avec autant de plaisir que d'empressement le conseil que vous a dicté votre amitié pour moi ; je serai fort aise de rester dans l'inaction dans les circonstances actuelles. Mais je crois devoir insister pour que les officiers de police puissent du moins agir efficacement, et je ne peux m'empêcher de réclamer contre l'inaction dans laquelle ils se tiennent et qui paraît leur être prescrite soit par les réponses qu'ils ont reçues de M. le Contrôleur Général, soit par la conduite qu'a tenue le sieur Legrand de Melleray, lieutenant de police, dans l'affaire du nommé Lasaillie, don l'impunité a étendu les abus, soit enfin par les propos que tient journellement M. Le Trosne, avocat du roi, auteur d'une brochure sur la liberté de l'exportation et qui est connu pour faire le commerce de grains, et tellement haï, pour ne pas dire méprisé dans cette ville, que le peuple, en le voyant revenir de Paris au moment de l'augmentation du blé, l'a cité en plein marché pour être le principal auteur de sa misère.

Vous aurez sûrement vu deux lettres que j'ai eu l'honneur d'écrire successivement à M. le Contrôleur Général, les 3 et 4 de ce mois ; vous y jugerez de la nécessité d'arrêter promptement les monopoles des marchands et de quelques boulangers aisés qui font naître la disette au sein de l'abondance en arrhant les blés soit en route, soit à leur arrivée dans le marché, pour se revendre ensuite ces mêmes blés à un prix beaucoup supérieur à leur première acquisition, afin de soutenir le prix du blé dont ils ont des approvizionnements faits dans la campagne, l'ayant arrhé dans les granges, même sur pied. Ces derniers faits sont constatés par ma lettre du 1er de ce mois, en étant moi-même le témoin dans les environs de ma terre, et par la lettre du subdélégué de Romorantin, dont j'ai fait passer copie, le 3 de ce mois, à M. le Contrôleur Général.

Il m'est impossible d'entrer en négociations avec la Compagnie au nom de laquelle se font les arrhements sur les routes et les enlèvements aux marchés. Je ne la connais que par le cri du peuple, qui m'est unanimement transmis par mes différents subdélégués dans les élections susceptibles de fournir à l'exportation.

Vous me faites l'honneur, M., de me marquer que les auteurs des propos séditieux et insolents auraient dû être arrêtés sur-le-champ. Mais par quelle autorité auraient-ils pu l'être, puisque, d'un côté, je dois rester dans l'inaction, et que, de l'autre, les officiers de police n'osent rien prendre sur eux, d'après les réponses qu'ils ont reçues ? Les monopoleurs profitent de cette faiblesse d'autorité, et le peuple qui s'en trouve la victime croit voir en moi l'auteur de sa misère, parce qu'il fait la comparaison de mon silence avec la fermeté que M. Barentin, mon prédécesseur (1), a montrée dans de pareilles circonstances, sans vouloir entendre que la loi n'est plus la même.

Puisque vous avez la bonté, M., de me demander ce que je désire que me réponde M. le Contrôleur Général, permettez que je vous expose ma façon de penser, que je soumets à vos lumières supérieures. Je connais tout l'avantage de l'exportation ; c'est la

(1) Charles-Amable-Honoré Barentin, chevalier, seigneur d'Hardivilliers, La Malmaison et des Belles-Rueries, intendant d'Orléans de 1746 à 1760.

lui la plus essentielle à maintenir ; mais je suis convaincu que, pour la soutenir, il faut commencer par assurer la subsistance du peuple, surtout dans les villes : ce qui ne peut se faire qu'en tenant la main à l'exécution des reglements pour la police des marchés, et je regarde comme très contraire à cette même liberté que de tolérer sans nécessité une Compagnie se rendre (*sic*) maitresse d'une denrée de première nécessité pour la maintenir ensuite au prix que lui dicte sa cupidité, d'autant que cette tolérance enhardit les petits marchands et les boulangers, qui, voyant l'inaction des supérieurs, imaginent journellement de nouvelles manœuvres. Or, ce sont ces manœuvres que je regarde comme très instant de faire réprimer. J'ose donc vous demander, puisque vous me donnez, M., la liberté de vous dire mon sentiment : 1° que M. le Contrôleur Général convint (*sic*) avec M. le Comte de Saint-Florentin de m'écrire [de rester] dans l'inaction. Comme ces deux ministres, dont vous avez copies des lettres, m'ont écrit sur cette matière dans des principes différents dont l'exécution serait contradictoire, je désire : 2° avoir une règle précise et déterminée pour m'y concentrer. Je ne suis point jaloux de l'autorité, pourvu que le bien, d'ailleurs, se fasse, que les abus soient proscrits, que la tranquillité du peuple revienne, avec la certitude de sa subsistance par la police des marchés, n'importe par quelle voie ; je serai très satisfait de n'y entrer pour rien, si les officiers de police peuvent y pourvoir. Mais alors il est nécessaire qu'ils reçoivent des lettres plus positives que les premières qui leur prescrivent aussi l'inaction. Il me parait indispensable qu'ils soient autorisés : 1° à renouveler l'ordonnance, qu'ils ont rendue il y a deux ans, portant défense d'arrher les blés sur les chemins, les jours de marché ; 2° à défendre aux marchands et aux boulangers d'entrer dans le marché que deux heures après que le marché est ouvert et que la commune soit (*sic*) fournie de blé ; 3° qu'ils soient autorisés à arrêter et punir toutes les personnes qui tiendraient des propos séditieux et insolents. Car, encore une fois, ils se croient les mains liées par les lettres de M. le Contrôleur Général, et, si je leur ai donné connaissance de la lettre qui m'a été écrite sur l'affaire du nommé Lasaillie, j'ai cru y être forcé par la nécessité, en leur faisant connaitre q'e c'était à eux d'y pourvoir, tandis que la plupart m'invitaient à y employer l'autorité.

Ainsi, M., si je dois rester tranquille d'après la réponse que je demande à M. le Contrôleur Général aux différentes lettres écrites depuis quinze jours, je désire au moins que les officiers de police soient spécialement autorisés d'après les circonstances nouvelles (qui serviront de prétexte à la lettre que leur écrira M. le Contrôleur Général) à faire les défenses et renouveler les règlements dont je viens d'avoir l'honneur de vous parler pour la police des marchés, comme aussi à être autorisés à faire arrêter et punir toutes les personnes qui paraîtraient, par leurs discours et leurs propos, capables de nuire à la tranquillité de ces marchés. Car vous me recommandez dans votre lettre *de la fermeté, et surtout dans le principe*, et j'ose vous demander qui de nous à Orléans s'est cru jusqu'ici en l'état d'en marquer et de la faire connaître, chacun se persuadant, d'après les réponses que nous avons reçues, devoir rester dans l'inaction. Lorsque les officiers de police n'auront plus les mains liées et sauront qu'ils peuvent agir, alors ils pourront en imposer, rétablir l'ordre dans les marchés, assurer la subsistance du peuple et le tranquilliser sur les manœuvres des monopoleurs, qui viennent enlever les blés à sa vue les jours de marché, avant qu'il soit ouvert et que la commune ait eu le temps de se pourvoir.

Une mission bien précise et une autorité donnée à ces officiers ne peut (*sic*) être critiquée ni être dangereuse vis-à-vis les Parlements, puisque ces officiers leur sont subordonnés et sont dans leurs mains. Et cette autorité ne peut porter atteinte à la liberté de l'exportation, puisqu'elle sera concentrée et bornée à l'exécution des règlements de police et des usages locaux, qui tranquilliseront le peuple et arrêteront les manœuvres. Voilà, M., l'objet de mes réflexions et de mes désirs. Je le répète, je ne suis point jaloux de l'autorité, surtout dans des circonstances aussi critiques. Arrêtez le cri du peuple par quelque voie que vous jugerez à propos, et je serai satisfait. Que la réponse que j'attends de M. le Contrôleur Général soit d'accord avec M. de Saint-Florentin, qui me donnait, il y a deux ans, des ordres contraires, ainsi que vous l'aurez vu par les copies de lettres que j'ai envoyées, et je serai content, parce qu'alors on ne pourra rien m'imputer. J'aurai ma sécurité vis-à-vis du gouvernement ; il ne me restera qu'à résister au cri du peuple ; je lui opposerai un courage soutenu et une tranquillité apparente, que les officiers de police réaliseront, à ce que j'espère, lorsque vous leur aurez donné la faculté d'agir.

Il me reste, M., à vous remercier de la manière obligeante avec laquelle vous avez eu la bonté de m'écrire sur cette matière. Votre lettre, écrite à titre de confiance, m'est précieuse, et sera pour moi seul. Je vous supplie, dans ces moments critiques, de continuer, à ce même titre et par la même voie, une correspondance que je désire parce qu'elle me flatte et m'honore et qu'elle me met à portée de vous marquer ma déférence et mon zèle. Je vous serai infiniment obligé de me tranquilliser par une prompte réponse.

Je suis, etc...

[XXI]

Réponse particulière de M. de Montigny, du 9 septembre 1768.

C'est avec grand plaisir, M., que j'ai reçu, dans votre dernière lettre, les témoignages d'une confiance et d'une amitié que je m'efforcerai toujours à mériter de votre part. Je désire fort, M., m'expliquer entièrement à cœur ouvert sur cette matière avec vous. Elle contient deux objets absolument distincts et séparés : la liberté de l'exportation, que je crois utile pour trouver un débouché du superflu des denrées du royaume dans les temps de trop grande abondance, mais que je regarde comme peu considérable et comme devant devenir tous les jours moindre à mesure que la population prendra de l'accroissement ; l'autre branche infiniment plus importante et formant à elle seule tout le bien que cette liberté peut procurer en même temps aux cultivateurs et aux consommateurs, c'est la libre communication de secours dans l'intérieur, et cette communication, pour être prompte et utile, doit être entièrement libre et dégagée de toutes sortes d'entraves : c'est ce qui maintiendrait une égalité de prix constante entre les différentes parties du royaume, et la liberté de l'exportation venant ensuite établirait l'égalité de prix dans le monde entier, sauf les frais des voitures qui sont toujours assez peu de chose, eu égard au prix de la denrée en elle-même. Vous vous plaignez que le monopole tient le plus haut qu'il lui est possible le prix des grains dans la ville d'Orléans ; il y a donc quelque entrave qui empêche qu'on n'en amène de Blois, où ils sont à beaucoup meilleur marché, ou qu'on aille en chercher en Auvergne, où une récolte très abondante a encore fait considérablement diminuer le prix. Je crois ces effets naturels infiniment plus puissants que tous les règlements du monde, qu'on trouve toujours moyen d'éluder aisément. C'est sur ces principes qu'est fondée la déclaration du 25 mai 1763, et, bien loin de donner abri au monopole, on l'a toujours regardée comme le moyen le plus certain de l'arrêter. Il y a quelques usages locaux qu'on a cru qu'il était possible de laisser subsister encore pendant quelque temps pour ne pas heurter de front les préjugés populaires : tel est celui de distinguer les heures de l'approvisionnement du peuple et des achats des marchands. Il peut avoir l'effet de tranquilliser le peuple ; mais au fond, je ne le regarde pas comme fort utile. Cependant. puisqu'il est encore observé dans plusieurs villes et qu'une innovation subite dans cette matière pourrait avoir des inconvénients, M. le Contrôleur Général a pensé qu'on devait n'y pas déroger. Je lui propose d'écrire dans cet esprit aux officiers de police. Il est, d'ailleurs, d'autres manœuvres qui seraient criminelles dans toute autre espèce de commerce, et qui ne doivent pas être plus tolérées dans celui du blé ; telle serait celle de supposer un prix à sa denrée qu'elle n'a pas, de livrer à fausse mesure ; enfin toute fraude doit être exactement réprimée. C'est un crime d'État d'animer les esprits du peuple à la révolte contre l'autorité, et tous les propos séditieux, tous les actes qui tendraient à ce but doivent être promptement réprimés et sévèrement punis : c'est en cela proprement que consiste la police des marchés. Les boulangers, dont l'intérêt est d'écarter toute espèce de concurrence du commerce de blé qu'ils veulent faire seuls, ne manquent guère d'animer le peuple (qui) saisit avec avidité ces accusations souvent trop légères. La peur s'empare de tous les esprits. D'un autre côté, les laboureurs, persuadés qu'on veut acheter leur denrée à quelque prix que ce soit, croient devoir la garder dans l'espérance de la mieux vendre. Les négociants honnêtes une fois écartés, ceux qui ont semé ces bruits restent seuls en possession de ce commerce, et ce sont les vrais monopoleurs qu'on ne pourrait arrêter que par l'importation des blés étrangers ou des provinces voisines, mais qu'on laisse tranquilles parce qu'on craint avec raison les propos du peuple qui ne percent que trop aisément dans ce qu'on appelle la bonne compagnie.

Voilà, M., les véritables causes du renchérissement des grains et des différences incompréhensibles qu'on remarque d'un endroit à l'autre dans le royaume. Il faut espérer que des temps plus heureux pourront amener cette circulation générale, qu'alors tous les pays seront également approvisionnés. En attendant, vous désirez que M. le Contrôleur Général prescrive aux officiers de police de tenir la main à l'exécution des règlements. Croyez-vous, M., qu'il soit possible que la liberté subsiste avec les différents règlements qui ont été abrogés par la déclaration de 1763 ? Il me paraît qu'on ne peut faire autre chose que de les (1) autoriser à tenir

(1) Il s'agit évidemment des officiers de police.

la main à ce que les premières heures du marché soient seulement
destinées pour le peuple et le surplus du temps pour les boulangers et les marchands, et à ce qu'il ne se passe rien de contraire à
la tranquillité et au bon ordre. Je vous ferai passer la copie de sa
lettre (1). Il serait bien à désirer que vous sussiez plus positivement
les noms de ceux que vous soupçonnez d'aller accaparer le blé dans
les granges et quelles peuvent être leurs vues. Il n'est pas possible
qu'ils aient dessein de le porter ailleurs. C'est donc pour le garder
pour des temps où ils croient que les besoins seront encore
plus pressants, et ces moments n'arriveront vraisemblablement
pas puisque la récolte est passablement bonne. Ce moment-ci ne
peut pas durer ; il est la suite de l'épuisement des vieux blés et de
ce que les laboureurs ne peuvent pas encore en porter de nouveau
à cause du battage et des semences. Il y a de la diminution déjà
sensible dans plusieurs provinces ; cela ne peut pas manquer de
s'étendre de proche en proche, et si, dans de pareilles matières, il
est dangereux de se livrer aux spéculations purement théoriques,
il y a aussi de l'inconvénient à ne juger que d'après des faits
rapportés par des gens du peuple et qui sont pour le plus souvent
destitués de vraisemblance. Je suis on ne peut plus surpris de ce
que vous me mandez de M. Le Trosne ; je le connais plus par ses
ouvrages que personnellement ; mais c'est sûrement un homme de
beaucoup d'esprit et de mérite ; les cris de quelques femmes du
bas peuple ne me feraient pas changer d'avis à son égard, et les
faits avancés contre un homme de son mérite doivent, avant d'être
crus, avoir des garants plus imposants que des clameurs populaires, fondées sur ce qu'il soutient par écrit et de vive voix la
nécessité de la liberté du commerce des grains, preuve assurée
qu'il ne veut pas faire le monopole. Je puis vous assurer que des
personnes bien plus élevées en dignités et respectables par la
pureté de leur conduite ont essuyé de la part des mêmes gens du
peuple ces mêmes infâmes soupçons qui ne serviront jamais qu'à
tenir ce pays-ci dans la barbarie où il est depuis longtemps sur
cet objet important. Je suis, etc.

[XXII]

Lettre à M. de Montigny, du 9 septembre 1768.

M. — Je réponds sur-le-champ à la lettre particulière dont

(1) La lettre du Contrôleur Général.

vous m'avez honoré le 8 de ce mois. Rien ne sera plus aisé à
prouver que la manœuvre des boulangers que j'ai annoncée par
ma lettre du 4, dont l'objet est d'augmenter fictivement le prix du
blé pour obtenir une taxe plus avantageuse. Mais à quoi servira
cette preuve et quelle en sera la peine? Seront-ce les officiers de
police qui la prononceront, lorsque les lettres de M. le Contrôleur
Général les invitent à l'inaction? D'ailleurs, comme vous l'observez
très bien, M., rien ne serait plus dangereux que de prendre des
informations dans le moment et d'avoir l'air occupé de perquisitions. Jusqu'à présent, mes craintes n'ont été que pour vous et
pour M. le Contrôleur Général, comme à mes supérieurs immédiats
auxquels je dois compte; mais ici j'ai l'air de la plus grande
sécurité; je ne donne aucun ordre; je n'ai pas même l'apparence
de m'en beaucoup occuper; ma confiance paraît réelle et soutenue,
et j'ai, Dieu merci! un courage à l'épreuve des événements, parce
que mon cœur ne me reproche rien, après vous avoir successivement [décrit] le mal et ses progrès. Ainsi, M., ma conduite est et
sera telle que vous le désirez. Je n'entre dans aucun détail ni
aucun propos sur cette matière avec personne; je n'en parle
qu'avec le maire de ville (1), qui tient la police en l'absence du
lieutenant de police et qui est un homme sage dont je me
contente d'exciter le zèle de vive voix et tête à tête, de sorte que
ma circonspection est égale à mon air de tranquillité et d'assurance. Je reviens de ma terre les jours de marché, et je traverse
la place sans escorte ni appareil, comme autrefois dans les
moments les plus tranquilles; et l'on sait que mes voyages à
Orléans ont pour objet la distribution des secours que le Roi
a accordés aux malheureux qui ont éprouvé par la grêle des
pertes dans leurs récoltes et que j'ai remise aux jours de marché,
parce que, les habitants de la campagne y venant pour leurs
affaires, je saisis ce moment pour leur épargner un second voyage.

Ainsi, relativement à ma conduite et à mon air d'assurance, je
vous prie d'être bien tranquille; mais tout cela, dans l'état actuel,
est bien insuffisant. Il faut une autorité aux officiers de police pour
agir; permettez-moi de me référer à cet égard à la lettre que j'ai
eu l'honneur de vous écrire à ce sujet le 7 et à laquelle je vous supplie de me répondre.

Il n'y avait que 40 sacs de blé mercredi au marché. J'aurai l'honneur de vous rendre compte de ce qui se passera demain, celui-ci

(1) Massuau, élu maire en mars 1768.

étant le plus important et sur lequel le peuple compte pour sa subsistance. Je suis, etc.

[XXIII]

Lettre à M. le Contrôleur Général, du 10 septembre 1768.

M. — Je ne pourrai m'empêcher de vous exposer la situation critique de la généralité d'Orléans relativement aux subsistances, tant que les circonstances qui l'ont fait naître seront les mêmes, et je vous supplie d'être persuadé, M., qu'alors que j'ai commencé à vous déférer les monopoles qui se commettaient à l'abri de la loi qui permet le commerce des grains, 'ce n'a été qu'alors que je m'y suis vu forcé, et après m'être bien assuré de l'exactitude des faits que je prenais la liberté de vous déférer. En effet, ces faits se réduisent à quelques principaux qui sont : 1° les arrhements faits dans les campagnes pour le compte d'une Compagnie privilégiée ; 2° ceux faits sur les routes et dans le marché même ; enfin les manœuvres pratiquées par les boulangers pour forcer les officiers de police à augmenter la taxe du pain.

Je ne puis douter du premier fait, puisque, outre les avis que m'ont donnés mes différents subdélégués, j'en ai été moi-même le témoin, les commissionaires ayant parcouru toutes mes fermes sous mes yeux. Les arrhements sur les routes et dans les marchés sont journellement constatés par les officiers de police qui, toutes les fois qu'ils ont envoyé des commissaires hors de la ville les jours de marché, ont trouvé des délinquants. Mais ces officiers, d'un côté, ne se trouvant pas par vos lettres. M., suffisamment autorisés à sévir, et, d'un autre côté, retenus par les principes singuliers de quelques-uns d'entre eux que j'ai eu l'honneur de vous citer, tels que M. Legrand de Melleray, lieutenant de police, et M. Le Trosne, avocat du Roi, ils n'ont prononcé que de légères amendes qui n'ont pas même été payées. C'est précisément cette impunité qui a fait augmenter le mal sensiblement, au point que je n'y vois actuellement d'autre remède que la plus grande fermeté de la part des officiers de police pour rendre une ordonnance qui renouvelle les anciens règlements pour la police des marchés et pour y tenir la main afin d'assurer la subsistance du peuple.

J'ai déjà eu l'honneur de vous marquer, M., que, le mercredi 24 août il n'y avait pas un seul sac de blé exposé au marché. Mercredi, dernier, 7 de ce mois, il n'y en avait à l'ouverture du marché que 40 sacs formant environ 6 setiers de Paris ; tous les vignerons et journaliers des paroisses voisines qui étaient venus s'approvisionner furent obligés de s'en retourner sans grain, et plusieurs boulangers ont refusé de cuire, faute de matière. Cependant la veille, c'est-à-dire le 6 septembre, j'avais vu moi-même plusieurs charrettes chargées de blé sortir de la ville par la porte de Paris. Ce ne sont point là, M., des allégations vagues ; ce sont des faits malheureusement trop notoires. J'ai engagé MM. les maire et échevins faisant partie du siège de police à faire des achats de blés pour faire garnir les marchés, même à faire distribuer ce blé à un prix inférieur à celui de l'acquisition. Mais les mouvements qu'ils se sont donnés à cette occasion leur ont fait connaître que les greniers étaient vides par la quantité prodigieuse de blé enlevé depuis environ deux mois, et le peu qu'ils ont trouvé leur a été vendu au prix du dernier marché, c'est-à-dire à 7 l. 5 s. la mine pesant 50 l. Aujourd'hui samedi, malgré toutes les précautions des officiers municipaux et celles particulières que j'ai prises, il y a fort peu de blé au marché ; ce qui fait craindre encore une augmentation sur le prix et, par conséquent, sur celui du pain.

Je me bornerai désormais, M., à vous rendre compte de ce qui se passera, ne pouvant rien ajouter à mes précédentes lettres, notamment à celle que j'ai écrite à M. de Montigny le 7 du présent mois, et par laquelle vous avez pu voir que je ne demande pas d'agir directement, mais que du moins les officiers de police ne soient pas réduits à une inaction dont tout l'odieux rejaillit sur moi et des suites de laquelle il m'est douloureux d'être spectateur. Je suis, etc.

[XXIV]

Réponse de M. le Contrôleur Général,
du 14 septembre 1768.

M. — Je vois avec peine que les blés sont considérablement renchéris à Orléans et dans tous les environs. La récolte a été cependant assez abondante pour donner des espérances très fondées de diminution sur ces prix. On ne peut attribuer ce renchérissement qu'à la petite quantité de blés vieux qui restent actuellement entre les mains des laboureurs, ces blés ayant été employés pendant le cours de l'année dernière à alimenter une grande partie des provinces du royaume qui avaient fait de très mauvaises récoltes ; les grains qui viennent d'être récoltés ne sont pas encore battus. Vous n'ignorez pas qu'une grande partie des récoltes en avoine ou en grains ne sont point encore renfermées et qu'elles exigent d'autant plus de soins que la saison, depuis plusieurs jours, a été très-défavorable. C'est à ces causes qu'il est très-vraisemblable qu'on doit attribuer la cherté actuelle. Le peuple, et surtout celui des villes, ne connait pas ordinairement l'ordre des travaux de la campagne ; il ne sait qu'exprimer son chagrin sur la cherté des denrées, et cette inquiétude donne souvent lieu de sa part à tous les genres de conjectures. Lorsque les magistrats se livrent à ces conjectures, ils croient remédier souvent à ce mal passager par des règlements sévères dont l'effet est de gêner le commerce et la circulation intérieure des denrées, et par là d'augmenter le mal auquel il est question de remédier. La crainte de manquer de subsistance étant celle qui agit le plus fortement sur les esprits, il est rare qu'on puisse discuter de sang-froid cette matière dans le temps de la cherté. Les marchés sont ordinairement plus remplis d'acheteurs, et il est important que les officiers de police veillent avec la plus grande attention à ce que cette affluence de peuple ne cause quelque désordre et que l'inquiétude ne porte les esprits à des violences dangereuses. C'est à quoi devraient naturellement se borner les fonctions des juges de police et de tous ceux qui sont chargés par le roi d'entretenir le bon ordre et la tranquillité dans le royaume.

Il est d'usage, dans plusieurs endroits, de partager la durée des marchés en plusieurs époques. Pendant la durée de la première, on ne permet pas aux marchands et autres qui achètent le grain pour le revendre ou pour le réduire en farine d'acheter en concurrence avec le peuple, qui achète pour sa consommation journalière, afin que, la foule des acheteurs étant moindre, il y ait moins de confusion dans le marché. On a pensé qu'il était impossible, quant à présent, d'exécuter le règlement, qui ne porte qu'une atteinte indirecte à la liberté établie par les lois données en dernier lieu sur cette matière ; c'est ce dont je vous prie de prévenir les officiers de la ville d'Orléans et de leur dire que je pense que ce règlement, regardé comme tendant seulement à entretenir la tranquillité, est de nature à être exécuté jusqu'à ce que, sur le compte qui sera rendu au Roi de ses avantages et de ses désavantages, S. M. prononce elle-même sa décision. Il est encore plus important de veiller à ce que la sûreté et la bonne foi règnent dans le commerce, qu'il ne soit fait aucune manœuvre frauduleuse et dont il pourrait résulter lésion, que les actions ou les paroles qui pourraient tendre à augmenter l'inquiétude du peuple et a l'exciter soient promptement et rigoureusement réprimées. C'est à quoi, à ce qu'il me semble, se réduisent les soins que les officiers de police doivent donner à la manutention des marchés, et il est important qu'ils y veillent. Je ne puis, au surplus, trop leur recommander, dans un temps comme celui-ci, de prendre garde de ne laisser percer dans leur maintien, dans leurs actions et dans leurs discours rien qui puisse témoigner une inquiétude qui augmenterait de beau-coup celle du peuple. Je suis, etc.

[XXV]

Lettre à M. de Montigny, du 11 septembre 1768.

M. — Les réponses dont vous m'honorez excitent de plus en plus mon zèle et ma reconnaissance, et je réponds avec une confiance qui me flatte d'autant plus qu'elle paraît vous plaire. Je vous prie de me permettre encore quelques observations sur la position où nous sommes à Orléans. Quoique les boulangers de cette ville n'aient pas, d'après un ancien usage, la concurrence des étrangers à craindre, cependant, quant à présent, ils le prouvent par l'effet d'une ordonnance des officiers de police, lesquels, pour forcer les boulangers à faire du pain, ont permis aux boulangers des envi-rons d'en apporter au marché, et cette légère précaution nous a sauvés de l'extrême disette depuis quinze jours. Mais les gros bou-langers de la ville ne sont pas jaloux de cette concurrence ; dans ce moment, ils sont garnis de blé ; ils sont peu empressés de faire du pain, parce que, voyant les achats de cette Compagnie que j'ai eu l'honneur de vous annoncer et sûrs de la disette qui en ré-sulte, ils espèrent et se proposent de faire successivement augmen-ter le prix du pain à chaque marché. Leur système réussit, et ce que j'ai prévu arrive : le pain a augmenté encore hier rapide-ment ; j'ai l'honneur de vous en adresser ci-joint la taxe avec un relevé du prix du blé au marché.

L'augmentation, M., a d'autres causes que l'épuisement des blés vieux ; je le répète, ce sont les manœuvres de cette Compagnie qui s'en est rendue maître (*sic*) dans les greniers, qui les arrhe sur les chemins et les achète dans les marchés avant que la commune se soit pourvue. Je n'ai pas fait et n'ai pas eu besoin de faire des perquisitions pour m'assurer de la vérité de ces faits : ils sont notoires à Orléans, et, chaque jour, on en découvre de nouvelles preuves. Aussi le peuple commence-t-il à suivre les voitures que l'on conduit chez les commissionnaires de ces intéressés, et oblige les voituriers de force à rétrograder et à décharger leurs blés au marché. On peut aisément prévoir par ce seul trait à quel excès le peuple se portera lorsqu'il verra à chaque marché une augmentation sur le pain, puisqu'il est déjà assez échauffé pour user de violence envers des voituriers étrangers chargés pour le compte de ces intéressés. Ces intéressés, dont on n'ignore que les noms, ne cachent pas même leurs marchés ; j'eus encore occasion de voir hier trois lettres de voiture expédiées à des voituriers par eau par des nommés Maupassant, de Saumur, contenant 105 sacs de blé adressés au s' Beaufils, négociant à Orléans, pour le compte et aux risques des intéressés. Les jours de marché, la place est garnie de leurs commissionnaires : on ne voit qu'eux sur les chemins, allant jusqu'à 7 à 8 lieues en avant, pour empêcher le blé d'être porté au marché en s'en rendant les maîtres, en sorte qu'il est à présumer que les laboureurs, voyant que l'on vient au-devant d'eux et qu'ils peuvent s'épargner une journée de voiture, vendent leur blé à la rencontre de ces commissionnaires et finiront par ne plus en apporter au marché.

Voilà, M., les entraves dont vous me faites l'honneur de me parler et que vous désirez de connaître. Le blé qui arrive de Blois à sa destination se trouve également enlevé par le concert de ces intéressés. Les négociants honnêtes ne peuvent pas même spéculer sur cette denrée pour contenter le peuple et assurer sa subsistance ; car, ces intéressés s'étant rendus maîtres de tous les blés du département, dès qu'il en arrive au port, ils feront baisser les prix pour le moment afin de dégoûter les spéculateurs, et, ceux-ci une fois dégoûtés, le prix remontera suivant la cupidité des associés. Tous les faits que je cite dans ma lettre ci-jointe à M. le Contrôleur Général, que je préfère de vous adresser directement pour éviter le délai des renvois, tous ces faits, dis-je, sont notoires, publics ou constatés.

Je suis fort aise que mes observations vous aient porté à proposer, comme vous me faites l'honneur de me le marquer, à M. le Contrôleur Général une lettre à signer pour les officiers municipaux, qui les autorise à agir pour le bon ordre et la police dans les marchés, ainsi que j'ai pris la liberté de vous le demander par mes précédentes lettres, et notamment par celle du 7 de ce mois.

Je continuerai, M..., à vous faire part de ce qui se passera et de
ce qui viendra à ma connaissance. Car, ayant l'air de l'assurance,
faisant bonne contenance, craignant ou d'alarmer ou de me compromettre dans les moindres perquisitions, vous jugerez que je
ne peux vous rendre compte que de faits connus dans le public
ou constatés par les officiers de police ; et cette conduite est conforme aux vœux et [à] ce qui m'est prescrit par M. le Contrôleur
Général. J'ai toujours été dans les mêmes principes que ceux que
vous avez la bonté de me rappeler : rien de plus utile que la liberté de l'exportation, rien de plus sage que la libre communication des secours dans l'intérieur ; mais je reste convaincu par
l'expérience que c'est nuire à cette libre communication dans l'intérieur que de ne pas arrêter l'avidité des intéressés ou des monopoleurs, qui se rendent maîtres des blés d'une province, vont
sur les chemins les jours de marché acheter ceux qui ont pu
échapper à leurs recherches et qui ont pour destination la subsistance des habitants des villes, qui, occupés des travaux de leur
profession, comptent sur l'approvisionnement du marché. Le
peuple s'échauffera à mesure qu'il verra le prix du pain augmenter, lorsque les marchés seront dégarnis ; en sorte que je ne
peux pas répondre des événements. Ces réflexions ne sont que
pour vous, M., et pour M. le Contrôleur Général ; je les soumets
à vos lumières supérieures ; ne regardez ma lettre que comme
un récit de ce qui se passe et une preuve de la confiance que vos
bontés m'inspirent ; ma conduite ne se démentira pas, et mes
craintes ne seront que pour vous. Je vous supplie de vouloir bien
continuer à me faire part de vos avis, de vos conseils et des précautions que l'expérience et la fatalité des circonstances pourraient
vous [faire] paraître convenables, ainsi qu'à M. le Contrôleur Général. Vous ne pourrez jamais me donner une marque de vos
bontés et de votre amitié à laquelle je sois plus sensible.

Je suis, etc...

[XXVI]

Réponse de M. de Montigny, du 13 septembre 1768.

J'ai reçu votre lettre, M., et je partage votre situation ; je
vous assure que vous pouvez en toute sûreté me confier toutes
vos inquiétudes. Je voudrais fort que vous pussiez connaître les
membres de la Compagnie dont vous me parlez ; il serait à dé-

sirer de savoir les vues et les idées singulières qui les font agir ;
elles me paraissent contraires à toutes les spéculations connues
de commerce. Il faut faire des efforts dans de pareilles circonstances pour tâcher de gagner le temps où les laboureurs pourront porter davantage au marché ; peut-être vous arrivera-t-il des
secours sur lesquels vous ne comptez pas et qui déconcerteront
mieux que tout toutes les spéculations des marchands. Au surplus, en y mettant toute la prudence possible, je crois que M. le
Contrôleur Général approuvera que vous fassiez de votre mieux.
Vous avez déjà reçu de lui une lettre par laquelle il vous charge
d'exciter le zèle des officiers de police. Il leur a écrit directement
une lettre dont vous avez copie. Mais faites, je vous prie, attention
qu'Orléans étant un lieu de passage, il peut y passer des blés
venant de Saumur pour une autre destination, sans qu'il y ait en
cela aucun monopole. Vous connaissez, M., mon sincère et respectueux attachement.

[XXVII]

Lettre à M. le Contrôleur Général, du 11 septembre 1768.

M. — J'ai reçu la lettre que vous m'avez fait l'honneur de m'é-
crire le 7, en réponse à mes précédentes concernant mes craintes
sur les subsistances de la ville d'Orléans, et je ne puis trop vous
remercier des marques particulières de bonté que vous voulez bien
m'y témoigner ; mais je crois devoir continuer à vous exposer la
situation critique de la généralité d'Orléans et des habitants de
cette ville, tant que les circonstances qui l'ont fait naître seront
les mêmes, et je vous supplie d'être persuadé que, lorsque j'ai
commencé à vous déférer les monopoles qui se commettaient à
l'abri de la loi qui permet le commerce des grains, ce n'a été
qu'après m'être bien assuré de l'exactitude des faits que je prenais
la liberté de vous exposer. En effet, ces faits se réduisent à deux
principaux, savoir : les arrhements faits dans les campagnes, sur
la route et dans les marchés même avant leur ouverture, pour le
compte d'une Compagnie particulière ; en second lieu, les manœuvres pratiquées par les boulangers riches et faisant commerce
des grains pour forcer les officiers de police à augmenter le prix
de la taxe du pain.

Je ne puis douter du premier fait, puisque, outre les avis que
m'en ont donnés mes différents subdélégués, j'en ai été moi-même

le témoin, les commissionnaires ayant parcouru toutes les paroisses des environs de ma terre sous mes yeux. Je sais les noms de la plupart des commissionnaires, et la Compagnie pour laquelle ils travaillent est connue sous le nom *des intéressés*. J'ai encore eu hier occasion de voir trois lettres de voitures expédiées à un voiturier par eau par Preux, Maupassant frère et Maupassant de la Croix, de Saumur, pour trois bateaux contenant 105 sacs de blé nouveau adressés à M. Beaufils, négociant à Orléans, pour le compte et *aux risques des intéressés*. Les arrhements sur les routes et dans les marchés sont journellement constatés par les officiers de police qui, toutes les fois qu'ils ont envoyé des commissaires hors la ville, ont trouvé des délinquants. Mais ces officiers, arrêtés d'un côté par vos lettres, M., et, d'un autre, par les principes singuliers de quelques-uns d'entr'eux que j'ai déjà eu l'honneur de vous citer, tels que M. Legrand de Melleray, lieutenant-général de police, et M. Le Trosne, avocat du Roi, n'ont prononcé que de légères amendes qui n'ont pas même été payées. C'est précisément cette impunité qui a fait augmenter le mal sensiblement, au point que je n'y vois pas d'autre remède que la plus grande fermeté des officiers de police, soit pour rendre une ordonnance qui renouvelle les anciens règlements concernant la police des marchés, soit pour tenir la main à l'exécution de cette ordonnance afin d'assurer la subsistance du peuple.

J'ai déjà eu l'honneur de vous marquer, M., que, le mercredi 24 août, il n'y avait pas un seul sac de blé exposé au marché d'Orléans, qui contient 60,000 habitants ; mercredi dernier, 7 de ce mois, il n'y en avait à l'ouverture du marché que 40 sacs formant environ 8 setiers de Paris. Tous les vignerons et journaliers des paroisses voisines qui étaient venus s'approvisionner furent obligés de s'en retourner sans grain, et les petits boulangers ont refusé de cuire, faute de matière, et prétendant d'ailleurs que la taxe de 2 s. 6 d. la livre était trop faible. Cependant, la veille, c'est-à-dire le 6 septembre, j'ai vu moi-même plusieurs charrettes chargées de blé sortir de la ville par la porte de Paris. Ce ne sont point là, M., des allégations vagues ; ce sont des faits malheureusement trop notoires. J'ai continué d'engager sans affectation mes différents fermiers de mes paroisses à porter du blé au marché d'Orléans, précautions que vous avez approuvées. J'étais déjà prévenu de l'impossibilité où plusieurs se trouvaient de déférer à mes désirs, faute de blé vieux. Les maire et échevins faisant partie du siège de police ont, de leur côté, cherché secrètement a faire faire des achats de blé pour le faire vendre au public et faire tomber l'effet du monopole : mais les mouvements qu'ils se sont donnés a cette occasion ont été inutiles et superflus et leur ont fait connaître que les greniers étaient absolument vides par la quantité prodigieuse de blé qui a été enlevée depuis environ deux mois, et le peu qu'ils en ont trouvé leur a été vendu au prix du dernier marché, c'est-à-dire à 7 l. 5 s. la mine pesant 50 livres et, conséquemment, sur le pied de 34 l. 16 s. le setier de Paris. Hier samedi, malgré toutes les précautions prises, il y avait peu de blé au marché, et le prix a été porté à 7 l. 12 s. la mine, ce qui fait 36 l. 9 s. 6 d. le setier de Paris ; en conséquence, la taxe du pain a été augmentée de 3 d. par livre, de sorte que le pain bis coûte actuellement à Orléans 2 s. 10 d. la livre, le pain blanc ordinaire 4 s.. et le beau pain blanc ordinaire 5 s. Vous pouvez présumer la sensation (1) qu'a faite hier cette nouvelle augmentation dans l'esprit du peuple, qui, au moment même des récoltes, se voit sans pain, sans vin et sans ouvrage ; car la cherté excessive de ces deux denrées de première nécessité a fait cesser tous les différents genres d'industrie ; conséquemment, les chefs de manufactures ne travaillent plus ; les ouvriers de toute espèce manquent donc de pain, et il est constant que le commerce est dans un engourdissement total a Orléans ; ce qui présente un tableau effrayant pour l'hiver prochain, et le peuple dans l'inaction, faute d'ouvrage, est encore bien plus aisé à s'échauffer, surtout lorsqu'il est pressé par le besoin.

Au surplus, M.. j'ai eu l'honneur de vous exposer jusqu'à ce moment les motifs de mes inquiétudes qui ne se réalisent que trop. Je me bornerai toujours, d'après vos lettres, à vous rendre compte des événements, de la suite de notre position, et mes craintes ne sont que pour vous et M. de Montigny. Je ne fais aucune confidence, je ne donne aucun ordre ; je sens que toute perquisition, que le seul air de la crainte serait dangereux et pourrait alarmer autant que l'augmentation rapide du prix du pain et que j'avais prévue ; je ferai toujours bonne contenance ; mon courage est à l'épreuve, malgré le cri du peuple et la fermentation des esprits.

Je suis, etc...

(1) Le manuscrit porte : « Vous pouvez présumer que la sensation.. » Mais la phrase ainsi faite serait boiteuse.

[XXVIII]

Réponse de M. le Contrôleur Général, du 16 septembre 1768.

M. — Je suis aussi vivement affligé que vous de la cherté et de la rareté actuelle des grains. Vous êtes persuadé que ces malheurs sont causés par les manœuvres d'une Compagnie établie à Orléans. Quelque étonnant que soit ce fait, quelque étendue qu'il suppose dans les moyens de cette Compagnie et quelque extraordinaires que puissent être ses vues, l'objet est d'une trop grande importance pour n'être pas approfondi, et je ne puis me dispenser d'insister très fortement pour vous demander des éclaircissements plus certains et plus particuliers. Si vous connaissez les commissionnaires qu'elle emploie, il doit vous être facile de savoir le nom de quelques-uns des intéressés et de juger par là du véritable objet de leur commerce. Je vois par ce que vous me mandez des lettres de voiture qui vous ont été montrées, que cette Compagnie, outre les blés qu'elle achète dans les environs d'Orléans, en fait encore venir du bas de la rivière. Son intention est-elle de les vendre à Orléans, ou de les faire passer de là dans une autre province, ou enfin de les mettre en réserve pour les vendre dans un temps où, les travaux de la campagne devenant moins intéressants, il est plus que vraisemblable que l'abondance se rétablira sur les marchés et que les prix seront plus modérés ? Envoyez chercher M. Beaufils ; tâchez de savoir de lui sans l'alarmer quelles peuvent être les vues de ses commettants ; peut-être trouverez-vous que les intéressés dont il est question ne sont point habitants d'Orléans, qu'ils habitent Paris ou tout autre endroit, et que, ne pouvant trouver de grains dans les provinces qui avoisinent la capitale, ils en ont fait venir de Saumur ; et alors vous conviendrez qu'Orléans n'étant pour eux qu'un lieu de passage, il serait injuste et dangereux de troubler ce commerce qui, sans avoir aucun inconvénient pour la subsistance de cette ville, aurait pour but l'approvisionnement d'une autre ville aussi précieuse aux yeux du Roi. Peut-être aussi ces intéressés ont-ils spéculé sur le prix des grains à Orléans, et leur intention est-elle d'y faire vendre des blés qu'ils auraient tirés de Saumur à meilleur marché. Avec quelque soin et de la prudence, vous pourrez approfondir tous ces faits sans alarmer personne, et on pourra en tirer des lumières utiles pour rassurer au moins sur l'état à venir des subsistances. Je suis affecté jusqu'au fond du cœur de ce que vous me mandez de l'état de misère des habitants d'Orléans ; soyez sûr que j'engagerai le Roi à venir à leur secours autant qu'il sera possible. Je viens de donner des ordres pour vous faire parvenir 40 quintaux de riz ; je vous prie d'en faire faire la distribution, avec toute la prudence que vous pourriez y mettre, aux plus nécessiteux. Employez à cet effet le ministère des curés des paroisses, et tâchez que ce secours accordé par le Roi soit aussi utile qu'il doit l'être. Je suis persuadé que le haut prix des denrées attirera les spéculations de quelques négociants et qu'il sera bientôt pour votre ville une source d'abondance. Je ne puis qu'approuver beaucoup la circonspection et la fermeté que vous me marquez avoir mise[s] dans votre conduite ; c'est le plus sûr moyen de faire le bien que vous désirez.

Je suis, etc…

[XXIX]

Lettre à M. le Contrôleur Général, #### du 18 septembre 1768.

M. — J'ai reçu les deux lettres que vous m'avez fait l'honneur de m'écrire les 14 et 16 du présent mois ; j'ai vu avec grand plaisir par celle du 16 la part que vous avez la bonté de prendre à la position critique dans laquelle se trouve la généralité d'Orléans relativement aux subsistances, et je ne puis trop vous remercier, M., des 40 quintaux de riz que vous voulez bien m'annoncer. Je vais prendre les mesures convenables pour que la distribution de ce riz ne soit faite qu'aux plus indigents, dont le nombre n'est malheureusement que trop considérable par la cessation de toute espèce de travail et de tout commerce. J'ose même espérer que vous augmenterez ce secours, la ville d'Orléans n'étant pas la seule qui se ressente de la misère du temps. J'ai à Blois 70 quintaux de riz et 40 à Montargis, qui sont destinés pour les dépôts de mendiants ; je vous supplie, M., de vouloir bien m'autoriser à en faire distribuer la majeure partie, d'autant mieux qu'on n'en fait que très-peu d'usage dans ces dépôts à cause de la différence de l'apprêt.

Je vais, au surplus, prendre des éclaircissements, tant du sr Beaufils que des autres marchands-commissionnaires, pour tâcher de découvrir quelques-uns des membres de cette Compagnie qui, par ses arrhements et ses enlèvements considérables, a totalement épuisé nos ressources. Ces éclaircissements ne peuvent être pris avec trop de précaution ; je ne témoignerai pas le moindre empressement, et il me suffit, M., que vous approuviez mes recherches à cette occasion ; je vous rendrai compte du résultat.

Au moyen des précautions prises par les officiers municipaux et du blé que je continue de faire porter à Orléans par mes fermiers, le marché d'hier était suffisamment garni. Cependant il n'y a pas eu de diminution sur le prix du blé froment ; il en a même été vendu jusqu'à 7 l. 15 s. la mine pesant 50 l., ce qui fait 37 l. 4 s. le setier de Paris. Il y a eu seulement une légère diminution sur la commune (1), et la taxe du pain est restée la même qu'au marché du 10 de ce mois. c'est-à-dire à 2 s. 10 d. la livre de pain bis, 4 s. celle du pain blanc et 5 s. celle du beau pain. Suivant les états particuliers que je reçois de la 1re quinzaine de septembre, le pain est encore plus cher dans les villes de Romorantin, Blois, Dourdan, Chartres et Pithiviers. Comme je vais commencer mes départements (2). je ne pourrai pas vous informer aussi exactement de l'événement des marchés ; je continuerai cependant d'y faire veiller. Je suis, etc...

[XXX]

Lettre de M. l'Évêque d'Orléans à M. de Cypierre,
du 19 septembre 1768.

M. — Une lettre que j'ai reçue de Romorantin, dans laquelle on me fait part de la disette du blé dans ce canton, des enlèvements qu'on en a faits, la récolte même encore pendante, de la juste crainte de la disette, des désordres des marchés, du cri du peuple et de la crainte d'une sédition, m'a engagé à lever le masque et à parler fortement à M. le Contrôleur Général. De vous à moi, j'ai trouvé ce ministre prévenu contre vous et pensant que votre tête s'était échauffée sans raison. J'ai combattu très-fortement son idée ; je l'ai assuré que vous étiez d'un plus grand sang-froid que lui et M. de Montigny, quoique vous vissiez le danger de plus près.

(1) C'est-à-dire la qualité commune de blé.
(2) C'est-à-dire les travaux du département ou répartement de la taille.

Il m'a paru que je l'avais converti, très-ébauché (*sic*), si je ne l'avais
pas convaincu, et je dois présumer même qu'on vous fera parvenir, et même pour le pays, des grains pour parer à l'insuffisance.
J'ai tenu les mêmes discours, et sur les faits et sur votre personne, à M. de Saint-Florentin et à M. le Duc de Choiseul, et,
d'après la vivacité et la vérité de mes paroles, vous êtes très-bien
dans leurs esprits. M. de Saint-Florentin, de vous a moi et en
secret, m'a demandé si, dans ces circonstances critiques, il serait
prudent à lui de passer par Orléans pour aller à Châteauneuf vers
le 2 du mois d'octobre ; je lui ai dit qu'il n'avait rien à craindre,
d'autant que j'étais persuadé que d'ici à ce temps vous y remé-
dieriez par vos représentations à M. le Contrôleur Général ; et,
d'après la conversation très-vive que je venais d'avoir avec lui et
qui l'avait ébranlé, M. de Saint-Florentin m'a promis de lui en
parler fortement. Je vous adresse copie de la lettre que j'ai reçue
de Romorantin. Comme c'est le canton de Châteauneuf, occupez-
vous qu'il soit fourni et tranquille quand M. de Saint-Florentin
principalement y passera. Ne cessez d'écrire aux ministres qu'on
ne vous ait permis de faire observer les ordonnances des marchés
et de punir les contrevenants ; vous ne serez jamais blâmé quand
vous ferez votre devoir et empêcherez la sédition, d'autant mieux
que si, une fois, elle commençait, elle suivrait dans une grande
partie du royaume. Adieu, M.; soyez sûr de ma tendre amitié et
de la protection que je vous accorderai quand vous n'aurez pas
tort.

[XXXI]

Lettre écrite à M. l'Évêque d'Orléans, de Romorantin,
le 15 septembre 1768.

Les personnes les plus considérables de ce pays-ci, ainsi qu'une
grande partie d'habitants qui ne sont pas moins respectables que
ce premier (1), sont infiniment touchés, Msr, de voir l'état du
pauvre peuple, qui crie de toutes ses forces pour avoir du pain et
qui ne peut que très-difficilement y parvenir à cause des enlèvements de blés qu'on fait depuis plus d'un mois. Ils m'ont tous prié
d'implorer vos bontés paternelles auprès des personnes en place

(1) Textuel ; il faut probablement lire que « ces premiers. »

qui peuvent entrer dans cette affaire et y remédier. Enfin, Mgr,
le grain et le pain enchérissent tous les jours ; le peuple crie à
tue-tête et est près de faire une émeute ; les boulangers ne sont
point les maîtres de leurs fournées et n'y peuvent fournir, puisque
le grain est tout vendu avant qu'il soit battu, et, dans ces contrées-
ci, il a été vendu même avant que d'être moissonné. Ces manœuvres
affligent tout le monde et vont mettre la famine dans tout ce canton, ainsi que dans votre ville épiscopale d'Orléans, si votre chari-
table crédit n'y met un heureux obstacle. Vous ferez là une
grande œuvre de miséricorde et qui sauvera tout ce pays-ci.

[XXXII]

Réponse de M. de Cypierre à M. l'Évêque d'Orléans,
du 23 septembre 1768.

M. — La lettre que vous avez reçue de Romorantin et dont vous
avez eu la bonté de m'envoyer copie après en avoir conféré avec
M. le Contrôleur Général, est une nouvelle preuve de tout ce que
j'ai écrit et répété à ce ministre sur la position de notre province.
Je me crois obligé, dans la place qui m'est confiée, de rendre
compte de tout ce qui, dans mon département, intéresse l'ordre,
la tranquillité et la subsistance des peuples ; j'ai annoncé à M. le
Contrôleur Général le cri du peuple, ses murmures, ses besoins et
notre disette au sein de l'abondance ; je lui ai prédit depuis un
mois une augmentation sur le prix du pain, et le pain a renchéri.
Est-ce là, Mgr, avoir la tête échauffée, quand j'ai rempli mon devoir
en citant des faits ? Vous avez été témoin de ma tranquillité ;
l'assurance que j'ai montrée à Orléans et que je soutiens en a
imposé au peuple et le rassure, parce qu'il a confiance en moi ; je
n'ai fait ni recherche ni perquisition, pour ne point jeter l'alarme ;
lorsqu'on me parlait de la cherté du pain (et c'est le refrain de
chaque jour), je cherche à rassurer en représentant toujours avec
sang-froid que la cherté n'est que momentanée, qu'elle ne provient que du laboureur qui, occupé de la culture des terres et de
les ensemencer, n'a pas encore eu le temps de battre ni de porter
ses grains au marché. Mes craintes sur les véritables causes de
notre disette n'ont été que pour M. le Contrôleur Général ; c'est à
lui seul que je les défère, parce que je lui dois compte de tout ce
qui se passe dans mon département. Si j'étais sans caractère dans

cette province, je lui aurais, comme simple patriote, déféré le cri du peuple et les murmures, parce que je sais qu'il est ami de l'ordre et qu'il a le cœur sensible ; comme intendant, il était de mon devoir de ne rien lui laisser ignorer, et je continuerai avec le même zèle, parce que je connais ses intentions et la supériorité de ses vues pour maintenir l'ordre public et ménager des ressources aux sujets du Roi. Ce ministre est pour nous comme un confesseur, à qui nous devons tout dire parce qu'il a notre confiance et qu'il peut remédier à tout. Au reste, tous les détails que je lui ai fait passer sont les mêmes que ceux que l'on vous a adressés de Romorantin ; il aurait dû être bien mécontent de les apprendre par des tiers, lorsque je suis chargé par état de l'en instruire.

L'augmentation du prix du pain subsiste à Orléans ; le pain bis vaut..... (1), et voici, Mgr, les précautions qu'on a prises, non pour le faire diminuer, car nous éloignerions les marchands et nous augmenterions notre disette, mais pour empêcher qu'il n'augmente ; vous jugerez du mérite et de la sagesse de ces précautions.

J'ai commencé par sacrifier mes intérêts personnels ; j'ai obligé sans affectation tous mes fermiers de ma terre qui avaient du blé vieux à le porter successivement à Orléans les jours de marché, avec ordre de ne le vendre qu'au peuple et pendant les heures du marché. J'ai engagé les maire et échevins à faire usage des revenus de la ville pour faire venir du blé de l'Auvergne ; il nous en est arrivé deux bateaux, et qui garniront successivement le marché pendant quelque temps ; et nous aurons l'attention de soutenir, à peu de chose près, le prix actuel, pour ne pas éloigner les marchands, qui spéculeraient ailleurs, où il est peut-être encore plus cher, comme Étampes, mais pour empêcher que le prix n'augmente, pour arrêter le cri du peuple et arrêter la cupidité des monopoleurs qui, achetant le blé avant l'ouverture du marché, y mettaient le feu, se rendaient maîtres du prix et faisaient hausser la taxe du pain. Personne n'a été instruit de ces précautions : on croit que mes fermiers ont été naturellement, et suivant l'usage ordinaire, porter leurs blés au marché, parce qu'on ignore que je leur ai fait raison du déchet qu'ils ont éprouvé en vendant. Chacun croit que l'arrivée des deux bateaux de blé à Orléans pour le compte des officiers municipaux est le fruit de la spéculation de quelque marchand qui n'aura travaillé que pour son intérêt. Remarquez, je vous prie, que, dans ces précautions, il n'y a eu ni ordre de ma part, ni perquisition, ni le plus léger prétexte donné

(1) Le texte porte ici une ligne et demie de points.

à la crainte. Croyez-vous, M⁰, que c'est avoir la tête échauffée que de sauver ainsi le peuple et l'empêcher de se porter à des extrêmes dangereux, que d'user de moyens aussi doux, aussi secrets à la populace qui n'a même pas su qu'on s'occupait d'elle, pour arrêter l'augmentation du prix du pain et assurer la subsistance jusqu'à ce que le ministre, par ses vues supérieures et instruit de l'état général des subsistances, ait le temps de pourvoir à nos représentations et de tranquilliser le département? Tout notre espoir aujourd'hui est, non de faire baisser le prix du blé, mais d'empêcher, s'il est possible, qu'il n'augmente jusqu'à ce que M. le Contrôleur Général ait pu y pourvoir.

Un intendant, administrateur de sa province, en doit être le premier patron et l'ange tutélaire; mon cœur me répète chaque jour ma leçon et me retrace mes devoirs. Rendre compte aux ministres, leur déférer l'état de la situation du département chaque fois que les circonstances l'exigent, leur confier ses peines et ses craintes lorsqu'elles ont pour but la tranquillité et le bonheur des peuples, obéir et exécuter leurs ordres, voilà ma mission vis-à-vis d'eux. Mais j'ai encore d'autres engagements à remplir tout à la fois vis-à-vis le peuple : lui inspirer de la confiance, premier ressort de l'administration ; n'employer l'autorité que pour lui faire connaître, à ce peuple, que c'est toujours pour son avantage, lui ménager des ressources et lui faire aimer le gouvernement. Voilà ma profession de foi, M⁰, et quel est, je crois, l'objet de ma mission. Si je n'avais pas dans ce moment-ci le suffrage de M. le Contrôleur Général, je suis sûr qu'un jour il me rendra la justice que j'attends de lui avec confiance. Que serait-il d'ailleurs résulté, en supposant que j'aie pu l'alarmer mal à propos (et je voudrais que ce fait fût vrai)? Mes craintes n'ont été que pour lui; il est à portée d'en apprécier aisément le mérite et le fondement ; je suis persuadé qu'il viendra à notre secours, et je serai justifié. Car notre situation est toujours critique ; on vous la peint exactement par la lettre de Romorantin que vous m'avez communiquée. Le pain est plus cher que le journalier, l'artisan et le peuple ne peuvent le payer ; vous avez été témoin, à votre passage, des plaintes et des discours que les gens les plus sages tenaient à cette occasion. Que l'on consulte le prix des marchés de Chartres, de Rambouillet, de Dourdan, et des autres villes de mon département, on verra l'augmentation du prix du pain que j'avais prédite à M. le Contrôleur Général d'après les manœuvres des monopoleurs qui, après avoir acheté et fait passer tous les blés vieux, ont acheté les nouveaux dans les granges et même sur pied. Tous les subdélégués dénoncent les mêmes abus, la lettre de Romorantin vous le dit positivement ; il a donc été de mon devoir d'en instruire le ministre. Mais, pour n'avoir pas l'air d'une crainte puérile, je ne lui ai pas dit qu'il y a eu plusieurs batteries de femmes à Orléans, à la porte des boulangers, qui s'arrachaient le pain ; je ne crois pas lui avoir marqué qu'à plusieurs marchés le peuple avait suivi des voitures de blés enlevés de la place avant l'ouverture du marché et avait fait revenir de force les voituriers pour les rétablir sur la place ; le même trouble a régné dans les marchés de Romorantin et y a été plus vif. Ces circonstances, assurément de nature à être citées, ne m'ont pas même assez frappé pour en étourdir le ministre, parce que le désordre a été calmé à propos. C'est moins dans les esprits qu'est le mal que dans l'effet du monopole ; ce n'est pas la loi sur la liberté de l'exportation que l'on blâme ; jamais la loi n'a paru plus sage ; mais ce sont les abus pratiqués à l'ombre de la loi qui font crier. Le peuple ne verra jamais tranquillement ses marchés dégarnis, des voitures de blé traverser la place avec des destinations ultérieures, lorsqu'il n'aura pas de pain ; les raisonnements et les principes cèdent à la nécessité.

Aussi, tout mon but et l'objet de mes suppliques auprès de M. le Contrôleur Général a été de faire garnir les marchés pour tranquilliser le peuple, surtout dans un moment où les pluies continuelles donnaient des inquiétudes sur la préparation des terres et la semence de la récolte prochaine. Tant que les marchés seront garnis, le peuple pourra se plaindre du prix ; mais il sera moins échauffé et, par conséquent, moins à craindre, parce que, gémissant du poids actuel de la situation, il se verra encore à l'abri de plus grands maux par l'espoir que le blé n'augmentera plus, espoir que l'abondance apparente à ses yeux aux jours indiqués pour sa subsistance entretiendra. L'illusion est quelquefois nécessaire au peuple et devient un moyen pour le contenir : voilà toute ma politique et le sujet de mes lettres à M. le Contrôleur Général. Je n'ai ni désiré ni sollicité aucune autorité ; en lui rendant l'état du département et la crise du peuple, je ne lui ai demandé que d'autoriser les officiers municipaux à arrêter la cupidité des marchands en ne les laissant entrer aux marchés qu'après le peuple, afin que la commune et successivement les boulangers fussent fournis. Cette précaution n'est point une entrave [à] la liberté ; selon moi, elle en assure au contraire l'avantage.

Je suis, etc...

[XXXIII]

Lettre de M. le Comte de Saint-Florentin à M. de Cypierre, du 21 septembre 1768.

M. — Il vient d'être lu au Conseil un mémoire de M. le Lieutenant de Police, par lequel il se plaint que les marchés des environs de Paris ne sont pas suffisamment garnis et que les boulangers et marchands approvisionnant la capitale ont beaucoup de peine à y trouver les grains nécessaires pour cet objet important. S. M. m'a, en conséquence, ordonné de vous marquer que son intention est que vous fassiez connaitre aux laboureurs qui environnent ces marchés qu'ils doivent y apporter des quantités de blé proportionnées à leurs exploitations, conformément aux règlements réservés dans l'édit de juillet 1764 pour ce qui concerne l'approvisionnement de Paris. S. M. [m'a] aussi chargé de vous mander de prévenir les officiers de police de tenir la main à l'exécution des règlements faits pour entretenir sur les marchés la tranquillité et l'abondance des denrées destinées à la subsistance du peuple, et, en conséquence, d'empêcher que, pendant la première époque de la durée, aucuns marchands, boulangers ou autres faisant le commerce de blé y achètent aucuns grains, afin de laisser le temps et la facilité au peuple de se pourvoir à un prix convenable des denrées qui lui sont absolument nécessaires. Vous voudrez bien m'informer le plus promptement qu'il vous sera possible des mesures que vous aurez prises pour exécuter les ordres du Roi, afin que je puisse en rendre compte à S. M. Je suis, etc.

[XXXIV]

Réponse de M. de Cypierre, du 23 septembre 1768.

M. — J'ai reçu la lettre que vous m'avez fait l'honneur de m'écrire le 21 du présent mois pour me faire part des intentions de S. M. relativement à l'exécution des règlements faits soit pour l'approvisionnement de Paris, soit pour entretenir dans les marchés du royaume la tranquillité et l'abondance des denrées destinées à la subsistance du peuple. Pour pouvoir remplir avec succès les ordres de S. M. relatifs à l'approvisionnement de Paris, je crois essentiel d'expédier une ordonnance, que je rendrai publique dans

les élections de Chartres, Dourdan et Pithiviers, pour enjoindre
aux laboureurs de porter dans les marchés des quantités de blé
proportionnées à leurs exploitations, conformément aux réglements réservés dans l'édit du mois de juillet 1764 dont je demanderai à cet effet des exemplaires à M. le Prévôt des Marchands.
Cette ordonnance, dont j'aurai l'honneur de vous adresser le projet, si vous approuvez ma proposition, en procurant l'approvisionnement de la capitale, réprimera les arrhements faits des grains
dans les granges, même sur pied. Quant au second objet de votre
lettre, M., je vais écrire aux officiers de police des principales
villes de la généralité d'Orléans pour qu'ils fassent exécuter les
règlements faits pour assurer la subsistance du peuple dans les
marchés. Il est bien à désirer, M., que le gouvernement apporte un
prompt remède aux abus qui se commettent à l'abri du commerce
des grains et dont j'ai eu l'honneur de vous rendre compte le 2 du
présent mois. Je suis, etc.

[XXXV]

*Lettre aux officiers de police des 12 chefs-lieux de la généralité
d'Orléans, du 24 septembre 1768.*

Je suis chargé, MM., de vous prévenir que l'intention de S. M.
est que vous teniez la main à l'exécution des règlements faits
pour entretenir sur les marchés la tranquillité et l'abondance des
denrées destinées à la subsistance du peuple. Vous devez, en conséquence, empêcher que, pendant la première époque de la durée
des marchés, aucuns marchands, boulangers ou autres faisant le
commerce du blé y achètent aucuns grains, afin de laisser au
peuple le temps et la facilité de se pourvoir à un prix convenable
des denrées qui lui sont absolument nécessaires. Je vous prie
de m'informer, le plus promptement qu'il vous sera possible, des
mesures que vous aurez prises pour exécuter les ordres du Roi,
afin que je puisse en rendre compte à M. le Comte de Saint-Florentin, qui m'en a chargé expressément. Je suis, etc.

[XXXVI]

Lettre de M. de Montigny, du 23 septembre 1768.

Comme il me revient de tous côtés, M., que vous vous plaignez
de ne pas recevoir de réponse aux lettres que vous écrivez, je ne

veux pas perdre un moment à répondre à celle que vous m'avez
adressée le 21 de ce mois. J'avais déjà entendu parler des malheurs
dont les environs de la ville de Chartres ont été affligés, et je ne
puis que joindre mon affliction à la vôtre. J'ai entendu dire que
les officiers de police de cette ville avaient rendu une ordonnance
pour gêner la liberté de la vente dans le marché et que cette
époque avait été celle d'un renchérissement subit et très-considé-
rable. Je ne sais si, en effet, cette sentence a produit cet effet;
mais le fait vaut, à ce qu'il me semble, bien la peine d'être éclairci
par des yeux sûrs, discrets et clairvoyants. J'ai toujours pensé
que toutes les gênes et les obstacles dans la liberté du commerce
produisaient des effets funestes; mais, dans la malheureuse circonstance où nous nous trouvons, ce n'est ni de votre avis ni du
mien qu'il s'agit; il faut aller au bien de la chose. J'en suis plus
occupé que je ne puis vous dire et je vous assure que, si je ne
puis mériter votre confiance, ce n'est pas ma faute, car je la désire
beaucoup, et j'avais cru que ma franchise et mon ouverture vis-à-
vis de vous auraient pu me l'attirer. Au surplus, croyez, M., que je
saurai renfermer au-dedans de moi le chagrin que j'en ai. Je vous
demande une explication quand vous serez à Paris, et j'ai tout lieu
de ne pas douter que nous n'en sortions tous deux contents, étant,
de mon côté, aussi sûr de vos intentions que vous devez être
sûr des miennes. Vous connaissez, M., le sincère et respectueux
attachement, etc.

[XXXVII]

Réponse de M. de Cypierre, du 24 septembre 1768.

M. — De toutes les lettres que j'ai reçues depuis que je suis
appelé à Orléans, aucune ne m'a été plus sensible que celle dont
vous venez de m'honorer. Qui? Moi, M., me plaindre de tous côtés
de ne pas recevoir de réponses aux lettres que j'écris, tandis que
j'exalte partout les bontés de M. le Contrôleur Général, qui me
mettent à portée de soulager les malheureux qui ont éprouvé les
effets de la grêle, tandis que je ne cesse de faire valoir ici les atten-
tions du gouvernement, et spécialement les vôtres, M., puisque
vous nous envoyez du riz pour les pauvres, dont nous avions grand
besoin, mais que je n'avais pas encore pris la liberté de vous demander! De toutes les correspondances que ma place me procure,
aucune n'a été plus active que la vôtre et ne m'a plus flatté dans

les circonstances. J'ai reçu autant de réponses que j'ai eu l'honneur de vous écrire de lettres ; elles ont soutenu mon courage, animé ma confiance, et m'ont pénétré de reconnaissance. Il n'y a pas de lettres où je ne vous en aie renouvelé l'hommage, et je suis véritablement affligé, M., que vous ayez pu ainsi prendre le change sur mes sentiments, d'après les expressions de sensibilité que je me suis fait un devoir et un plaisir de vous reproduire à chaque réponse. Mon rôle devient trop pénible si je suis obligé de me justifier auprès des personnes auxquelles je désire le plus plaire, lorsque je ne suis occupé qu'à leur rendre hommage ; vous avez vu ma confiance, M., et mes efforts pour mériter la vôtre. Dans le fait, l'accusation porte à faux, puisque j'ai reçu vos réponses à toutes mes lettres et que vous m'en avez procuré même de M. le Controleur Général. Dans l'ordre des procédés, l'accusation est une calomnie aussi noire que grossière de me supposer des plaintes amères et sans fondement, et surtout dans le public qui doit ignorer et l'objet et le motif d'une correspondance particulière avec vous. Je vois avec peine que mon cœur ni mon caractère ne vous sont pas connus. Je respecte mes supérieurs ; je ne forme jamais de plaintes, et surtout dans le public ; et indépendamment de ces lettres, vous en êtes personnellement, M., d'autant plus à l'abri que la confiance que vous m'avez inspirée ajoute au désir que j'ai toujours eu de vous plaire et de mériter votre suffrage. J'accepte avec un plaisir et un empressement infinis, non l'explication que vous avez la bonté de m'offrir, mais une entrevue à mon retour, puisque ce sera une occasion de vous reproduire mon hommage et ma sensibilité. Vous me jugerez peut-être plus favorablement lorsque j'aurai le bonheur de vous retracer de vive voix mes sentiments. Comme ma confiance, M., est plus entière que jamais, je continuerai à vous faire part de tous les événements qui viendront à ma connaissance dans mon département. Je sens que mon avis ne peut et ne doit être qu'indifférent dans les circonstances ; aussi tout mon objet n'est que de vous déférer ce que j'apprendrai successivement dans la tournée que je vais faire pour l'assiette des impositions. Si je suis par état obligé de vous rendre compte, votre zèle pour le bien public et l'accueil que vous avez bien voulu faire à mes lettres ajoutent à mon empressement.

Je ne suis pas encore instruit, M., que les officiers de police aient rendu une ordonnance pour gêner la liberté de la vente dans les marchés ; je vais tâcher de me procurer les éclaircissements à cet égard avec toute la prudence et la discrétion que l'objet exige. Je vous supplie, M., de continuer à me faire part de tout ce que votre zèle vous inspirera dans les circonstances. Je me suis bien conformé à vos avis et à vos conseils et (sic) que votre amitié vous a inspirés. Je n'ai donné aucun ordre; ma discrétion a égalé ma confiance, et je me croirai heureux si vous m'accordez votre suffrage et si vous voulez bien juger de mes sentiments d'après la vérité.

[XXXVIII]

Réponse de M. l'Evêque d'Orléans,
du 25 septembre 1768.

J'ai reçu, M., votre lettre du 23, en réponse à la mienne. Je ne puis qu'approuver tout son contenu, et j'en ai même fait part en partie à M. de Montigny qui m'est venu voir aujourd'hui et qui croyait que vous m'aviez dit que vous vous plaigniez de lui et de ce qu'il ne vous faisait pas de réponse. Je vous ai parfaitement justifié sur cela et l'ai assuré, en lui faisant lecture de [la] partie de votre lettre où vous ne parlez jamais que de M. le Contrôleur Général, que vous vous étiez toujours extrêmement loué de lui dans toutes les occasions, que vous aviez une véritable amitié pour lui et que, par conséquent, il vous ferait injustice s'il pensait autrement. Il a convenu, en même temps, par la lecture que j'ai faite d'une partie de votre lettre, que toutes les précautions que vous avez prises ont été bien combinées et bien prudentes. Nous nous sommes séparés très-bons amis, et je dois présumer que les marchés de l'Orléanais seront mieux fournis qu'ils ne l'ont été jusqu'à ce jour. Cependant M. le Contrôleur Général et lui m'ont paru se plaindre de ce que vous n'avez jamais dans votre correspondance écrit que sur des cas apparemment en général, des monopoles, des enlèvements de blé soit avant la récolte, soit en granges, et que vous auriez dû, ainsi qu'ils vous l'avaient écrit l'un et l'autre, constater des faits essentiels et leur en faire part, parce qu'ils prétendaient que, tant que vous ne faites que parler aussi vaguement, il leur est impossible de remédier aux abus. Je ferai le même usage de votre lettre auprès de M. le Contrôleur Général et auprès de M. le Duc de Choiseul, et, dans tous les cas, je justifierai et votre personne et le sang-froid de votre tête, de votre conduite et de votre administration. J'ai l'honneur d'être, etc.

[XXXIX]

Réponse de M. le Comte de Saint-Florentin,
du 22 septembre 1768.

M. — Je ne crois pas qu'il soit nécessaire de rendre une ordonnance, ainsi que vous me le proposez, pour obliger les laboureurs de porter du blé dans les marchés. Je regarderais même le moyen comme dangereux et propre à jeter de l'inquiétude dans les esprits, ce qu'il faut éviter avec le plus grand soin dans tous les temps et surtout dans le moment actuel. Mais je suis persuadé que, par vous ou vos subdélégués, vous connaissez ceux qui ont des blés à vendre dans votre généralité : il faut les faire exhorter à en porter régulièrement au marché le plus qu'ils pourront, en leur faisant comprendre sans menaces que, s'ils s'y refusaient, on prendrait des moyens efficaces pour les y obliger. Je suis, etc.

[XL]

Lettre à M. le Contrôleur Général,
du 25 septembre 1768.

M. — Comme je me suis fait une loi de vous rendre compte de tout ce qui pourra être relatif à l'objet des subsistances, j'ai l'honneur de vous envoyer la copie d'une lettre que j'ai reçue hier de M. le Comte de Saint-Florentin, en conséquence de laquelle j'ai écrit aux officiers de police des douze principales villes de la généralité d'Orléans celle dont je joins également copie et qui, comme vous le verrez, M., est conçue dans les mêmes termes que celle du ministre que j'ai suivie littéralement pour ne pas compromettre ni excéder les vues du gouvernement. Suivant les apparences, le marché d'aujourd'hui sera suffisamment garni ; demain je vous rendrai compte de l'événement. Il est bien à désirer qu'il y ait de la diminution sur la taxe du pain, dont le prix commun dans les douze principaux marchés de la généralité d'Orléans est de 3 s. 1 d. 3/4 la livre de pain blanc ordinaire et de 2 s. 6 d. 3/4 la livre de pain bis. Vous trouverez ci-joint, M., le relevé des différents prix, et vous y verrez l'augmentation considérable qui a eu lieu sur le pain pendant la première quinzaine du présent mois de septembre. Je suis, etc.

[XLI]

Réponse de M. le Contrôleur Général,
du 26 septembre 1768 (1).

M. — Le renchérissement étonnant et impossible à prévoir qui se fait actuellement sentir sur les blés me porte à vous prier de donner de plus en plus toute votre attention à cette partie de l'administration dont vous êtes chargé. Il s'est répandu dans le peuple, et même parmi les personnes plus éclairées, que différentes compagnies, dont quelques-unes même protégées par le gouvernement, avaient part à ce renchérissement extraordinaire par des achats considérables et indiscrétement faits. Ce fait, peu vraisemblable en lui-même, vu le grand prix des denrées et le peu d'apparence qu'il y a qu'elles demeurent à un prix aussi disproportionné, est cependant devenu si général que j'ai cru devoir vous prier de faire vérifier si, en effet, ces achats indiscrets ont lieu dans votre généralité, en vous assurant que le Roi n'a autorisé aucune compagnie à ce commerce mal conçu. S. M. vient même de terminer et de résoudre une Compagnie connue sous le nom de Malisset, dont l'objet était de conserver et de renouveler dans les cas de besoin une quantité considérable de blés qu'elle avait destinés à approvisionner Paris dans les moments de cherté ou de disette.

Ainsi, si quelqu'un se disait autorisé de cette Compagnie, vous pouvez être sûr que c'est un prétexte pour faire son commerce plus facilement. A l'égard des faits concernant d'autres compagnies qui feraient des manœuvres condamnables sur les marchés, je vous prie de m'informer exactement de tous ceux qui pourraient venir à votre connaissance, afin que je puisse en rendre compte au Roi et mettre S. M. à portée d'y pourvoir. Je ne puis vous recommander trop de prudence et de discrétion dans les recherches que vous ferez sur cet objet ; vous savez qu'il est de telle nature que la moindre indiscrétion pourrait avoir des suites bien tristes et bien fâcheuses. Je suis assuré que plusieurs négociants ont fait dans les provinces éloignées et dans les pays étrangers des spéculations assez étendues pour suppléer aux accaparements parti-

(1) Le ton et les termes de cette lettre laissent à penser qu'elle a moins le caractère d'une lettre confidentielle à Cypierre que d'une circulaire adressée à tous les intendants.

culiers et aux réserves forcées des laboureurs ; mais ces manœuvres ont l'inconvénient d'alarmer les peuples et de retarder l'effet qu'on doit se promettre de ces spéculations et qui ne doit pas être éloigné. Je suis, etc.

[XLII]

Lettre à M. le Contrôleur Général, du 24 septembre 1708.

M. — Le marché tenu hier à Orléans a été suffisamment garni, ainsi que j'ai eu l'honneur de vous en prévenir. Il y a eu sur le prix une légère diminution, qui en a procuré une de 6 d. sur le prix du pain de 9 livres, ce qui fait un 2/3 (*sic*) de denier par livre. Je suis, etc.

[XLIII]

Réponse de M. d'Invau, Contrôleur Général du 3 octobre 1708.

M. — M. de L'Averdy m'a fait remettre la lettre que vous avez écrite le 25 septembre, par laquelle vous lui faites part de la légère diminution qu'il y a eu sur le prix des grains au marché de votre ville, le 24, qui en a procuré aussi sur le prix du pain. Je vous prie de vouloir bien m'informer exactement de tout ce qui se passera sur l'objet des subsistances dans votre département. Je suis, etc.

[XLIV]

Lettre de M. de Sartine du 25 septembre 1708.

Vous devez avoir reçu des ordres. M., pour faire approvisionner vos marchés ; je l'ai demandé avec instance, parce que je suis intimement convaincu que cette précaution n'est pas incompatible avec la liberté raisonnable du commerce des grains, et, de plus, qu'elle est absolument nécessaire pour empêcher la cherté excessive que nous éprouvons depuis quelque temps. Nous vous avons envoyé des secours qui vous seront sans doute arrivés à propos, je le désire. Voudriez-vous bien me faire le plaisir de me mander ce que produiront les invitations que vous aurez fait faire aux marchands et laboureurs de garnir les marchés, et si vous croyez, comme on le dit, des compagnies (1) qui enlèvent les blés et qui mettent le feu dans les marchés par leur empressement ridicule? Je vous offre tous les services qui peuvent dépendre de moi. J'ai l'honneur d'être, etc.

[XLV]

Réponse de M. de Cypierre à M. de Sartine,
du 27 septembre 1768.

Il y a déjà longtemps, M., que j'ai prévenu M. le Contrôleur Général de la cherté excessive du blé que nous éprouvons aujourd'hui et qui ne fera qu'augmenter, si le gouvernement ne prend pas de mesure précise assez prompte pour remédier aux abus qui l'occasionnent plus que la rareté de l'espèce. Je suis très-flatté, M., de voir que ma façon de penser sur la liberté du commerce des grains se rencontre avec la vôtre. En effet, je n'ai cessé et ne cesse encore de répéter à M. le Contrôleur Général que je regarde cette liberté comme très-avantageuse, notamment à ma province qui recueille chaque année commune beaucoup plus de blé qu'il ne lui en faut pour la consommation des habitants. Mais j'ajoute que c'est assurer et soutenir cette même liberté, loin de la gêner, que de tenir la main à l'exécution des règlements faits pour l'approvisionnement des marchés. Car il ne me paraît pas près d'établir pour la vente du blé et du pain la même liberté que pour les autres denrées; il faut nécessairement des lieux et des jours fixés pour l'approvisionnement du peuple, et ce peuple n'est pas à beaucoup près aussi effrayé du prix du pain que de la disette du blé dans les marchés. Or cette disette aura lieu tant qu'il sera permis d'acheter et de vendre les grains dans les greniers, dans les granges, et même sur pied, comme cela est arrivé cette année ; elle augmentera encore lorsque, sous prétexte de la liberté du commerce des grains, on tolèrera que les boulangers et marchands aillent sur les chemins au-devant des voitures qui amènent du blé au marché pour les acheter et en faire conduire au marché une partie dont ils font un nouvel achat simulé à un prix beaucoup plus considérable, afin de forcer les officiers

(1) Textuel ; probablement pour : et si vous croyez (qu'il existe) des compagnies.

de police a augmenter la taxe du pain et de gagner davantage sur le blé qu'ils ont en grenier.

Ces manœuvres se sont tellement multipliées à Orléans, que, le mardi 24 août dernier, jour de marché, il n'a pas été exposé en vente un seul sac de blé ; le 7 du présent mois, à l'ouverture du marché, il n'y en avait que 40 sacs formant environ 8 setiers de Paris. Jugez, M., de la sensation que peut produire une pareille disette dans une ville où plus de 60,000 habitants viennent s'approvisionner et qui, par la proximité de la Beauce, a toujours servi, pour ainsi dire, de grenier d'abondance pour les provinces qui l'avoisinent. Je ne me suis point lassé de retracer notre situation critique et de dénoncer les monopoles qui l'occasionnaient, en observant que la loi qui favorisait l'exportation des grains me paraissait n'avoir eu pour objet que l'excédent de la subsistance d'une province pour le faire passer dans une autre qui en manquait, soit par la nature du sol ou par la perte de sa récolte.

L'esprit de cette loi se trouverait rempli en obligeant les laboureurs à vendre dans les marchés et en fixant dans ces marchés des heures, premièrement pour laisser approvisionner le peuple, et ensuite pour les boulangers : après ces deux époques, les marchands pourraient faire leurs achats, et l'exportation serait absolument libre de la part de toutes personnes, à l'exception des laboureurs qui seraient tenus de vendre dans tels marchés qu'ils voudraient.

J'ai l'honneur de vous envoyer la copie d'une lettre du 24 de ce mois, que je viens de recevoir de mon subdélégué à Dourdan ; vous y verrez, M., l'inconvénient qui résulte de la faculté qu'ont les laboureurs de faire le commerce du blé. J'ai effectivement reçu ces jours-ci une lettre de M. le Comte de Saint-Florentin, en vertu de laquelle j'ai écrit aux officiers de police des principales villes de la généralité d'Orléans la lettre dont je joins une copie. L'exécution des ordres du Roi sur cet objet pourra diminuer les monopoles dans les marchés, mais ne remédiera pas à l'inconvénient détaillé dans la lettre de mon subdélégué de Dourdan. M. le Comte de Saint-Florentin me charge bien de faire connaître aux laboureurs qu'ils doivent porter aux marchés des quantités de blé proportionnées à leurs exploitations, mais je ne puis faire cette injonction aux laboureurs que par une ordonnance que je ne ferais sûrement expédier qu'après en avoir fait approuver le projet au Conseil ; j'ai répondu en conséquence à M. le Comte de Saint-Florentin.

Il est constant qu'il existait une Compagnie qui a fait acheter tous les blés vieux, jusqu'au moment de la récolte, dans toute la Beauce, le Perche et le Gâtinais : aussi le pain vaut-il dans ces différents pays jusqu'à 3 s. 6 d. la livre. Mais ces achats se faisaient par des commissionnaires qu'il n'était pas même permis de questionner sans paraître gêner la liberté ; de sorte qu'il n'est pas possible de nommer avec certitude physique les membres de cette Compagnie. Au reste, son existence ne ferait aucune sensation, si ses émissaires ne pouvaient acheter que dans les marchés et aux heures fixées pour la vente de l'excédent de la subsistance.

D'après la confiance que vous voulez bien, M., me témoigner par votre lettre du 25 de ce mois, j'ai cru pouvoir, même devoir entrer dans ce détail vis-à-vis de vous, afin de vous dévoiler mes principes ; je serai comblé s'ils peuvent être conformes aux vôtres, connaissant votre amour patriotique et votre zèle pour le bien de l'humanité. Je suis, etc.

Nota. — La copie de la lettre du subdélégué est à la suite d'une lettre à M. de Montigny, du 27 septembre 1768.

[XLVI]

Réponse de M. de Montigny à la lettre du 24 septembre 1768.

C'est un malentendu, M., et il n'en sera plus question, si vous le voulz bien, entre nous. Je vous prie d'être bien sûr que je désire fort de mériter votre confiance et que vous me la continuiez ; je vous mande naturellement ma façon de penser et vous n'aurez jamais de ma part que beaucoup d'ouverture et de franchise. On s'était mal expliqué vis-à-vis de moi, et l'explication que je voulais avoir avec vous est déjà faite. Je savais la lettre qui vous a été écrite par M. de Saint-Florentin, et vous avez très bien fait de l'exécuter. Comptez, M., sur mon respectueux et inviolable attachement.

[XLVII]

Lettre de M. de Montigny, du 18 septembre 1768.

On a assuré, M., à M. le Contrôleur Général qu'il y a quinze jours ou trois semaines qu'à Dourdan tous les blés ont été achetés et enle-

vés. Je vous prie de vouloir bien écrire à votre subdélégué pour
bien vérifier et constater ces faits. Sur ces éclaircissements,
je parlerai à M. le Contrôleur Général qui prendra les éclaircissements (sic) qu'il jugera à propos. Vous connaissez, M., etc.

[XLVIII]

Réponse de M. de Cypierre, du 27 septembre 1768.

M. — Sur la lettre que vous m'avez fait l'honneur de m'écrire le
18 de ce mois, je me suis adressé à M. Roger, lieutenant de police
et mon subdélégué à Dourdan, qui m'a fait la réponse dont
je crois devoir vous envoyer une copie. Vous y verrez, M., les
motifs du défaut d'approvisionnement des marchés, dont j'ai
eu l'honneur de vous prévenir successivement depuis quelque
temps.

La lettre de M. le Comte de Saint-Florentin du 21 de ce mois,
dont je vous ai fait passer une copie, m'annonce que l'intention
du Roi est que je fasse connaître aux laboureurs qui environnent
ces marchés qu'ils doivent y porter des quantités de blé proportionnées à leurs exploitations. Mais je ne peux faire une telle injonction à ces laboureurs que par une ordonnance dont il est essentiel que le ministre approuve le projet, afin de ne pas outrepasser
ma mission et de ne pas me compromettre dans des circonstances
aussi importantes, en allant au-delà des vues du Conseil et des vôtres.
Je présume toujours que l'exécution des règlements de police pro-
duirait le plus grand bien ; car, M., je le répète, le peuple n'est
pas aussi effrayé du prix du pain que de la disette du blé dans les
marchés.

Vous m'avez inspiré trop de confiance pour ne pas continuer à
vous faire part de tout ce qui se passera dans mon département.
En conséquence, j'aurai la plus grande attention de vous informer
de la réponse de M. de Saint-Florentin et des ordres ultérieurs que
j'en recevrai. Je sens combien la prudence et la circonspection
sont nécessaires, et je n'oublie pas les conseils que votre amitié
vous a dictés pour moi en m'invitant de me contenir dans les
bornes les plus étroites. Je suis, etc.

[XLIX]

Lettre du subdélégué de Dourdan, du 24 septembre 1768,
à M. de Cypierre.

M. — On ignore qui a pu rendre compte à M. le Contrôleur Général qu'il y a quinze jours ou trois semaines, tous les blés ont été
enlevés au marché de Dourdan. J'ai pris à ce sujet tous les éclaircissements qu'il m'a été possible, et il résulte que ceux qui ont fait
le plus grand nombre de ces achats sont des laboureurs des environs qui, pour renouveler leur semence, ne manquent jamais en
cette saison-ci de s'en pourvoir. Il est [vrai] qu'avant la liberté accordée à toutes personnes indistinctement de faire commerce de
grains, ces mêmes laboureurs étaient astreints de faire voiturer et
exposer aux marchés autant de sacs de blés vieux qu'ils en achetaient de nouveau pour le renouvellement de leur semence ; mais
cette police ne s'observant plus, il n'est pas surprenant que les
marchés se trouvent aussitôt dégarnis qu'ils sont approvisionnés. D'ailleurs, la rareté des blés vieux qui s'exposent fait nécessairement un vide, et l'aisance de certains laboureurs, maîtres de
la matière, leur fait acheter librement des blés semences en plus
grande quantité qu'ils en ont besoin pour leur exploitation, et
autres qu'ils magasinent (*sic*) pour bénéficier ; il y en a même qui
ont acheté des granges entières des faibles cultivateurs pour faire
battre à leur profit et qui spéculent sur les événements. D'ailleurs,
le ministère des juges de police devenant oisif à cet égard, ne pouvant même trop librement s'informer des personnes qui achètent
et pour le compte de qui ils (*sic*) achètent, étant même dans le cas
d'essuyer des refus à cet égard sans pouvoir sévir, toutes leurs
fonctions se réduisent aujourd'hui à taxer, chaque jour de marché,
le prix du pain des boulangers eu égard à la vente des grains, et
à veiller à ce qu'ils (*sic*) soient bien cuits et élaborés et aient le
poids prescrit par les règlements. Je n'ose m'étendre plus au
long sur une matière aussi importante, dans la crainte d'être taxé
de préjugés populaires, et, quoique l'objet des blés intéresse si
essentiellement le bien-être de l'humanité, il n'est pas de mon état
de réprimer les abus. Je ne puis, M., que vous les représenter à
titre de confiance ; et, tant que le laboureur aisé, maître de la matière, qui par cette raison a toujours été exclu par la sagesse des
anciens règlements d'en faire commerce, achètera d'une main dans

un marché et vendra de l'autre, se répandra quelquefois en propos hasardés sur le prix des grains, la cupidité qui ne connait point de frein sera toujours un fléau pour le même peuple, je veux dire pour le mercenaire qui n'a pour lui que l'indigence et la crainte. Aussi la mendicité des domiciliés augmente-t-elle de jour en jour ; des bras que la nécessité force d'offrir pour le travail sont mal salariés par ce genre d'hommes, dont la plupart, nés sans éducation et dépourvus de sentiments, ne connaissent que leurs intérêts. J'en connais même qui, cette année, ont eu l'indécence de plaider pour 5 s. par arpent, que les moissonneurs demandaient en plus que les années précédentes, et qui ont fait appel des jugements qui les ont condamnés de payer cette faible augmentation, qui certainement n'est pas, à beaucoup près, proportionnée au prix du pain et à la cherté de leur subsistance et celle de leur famille, à laquelle il leur sera impossible de pourvoir l'hiver prochain, *a fortiori* au paiement de leurs impositions, si les choses continuent sur le même pied. Je suis, etc.

[L.]

Réponse de M. de Montigny, du 3 octobre 1768.

Je souhaite fort, M., que le parti pris par le Conseil de faire ordonner aux laboureurs de garnir les marchés produise un bon effet. Je crois comme vous qu'il faut qu'il y ait de l'ordre et de la tranquillité sur les marchés ; mais je ne crois, ou du moins je ne vois pas encore bien clairement que la cherté actuelle tienne entièrement à l'exécution de ces règlements. Je n'ai que mon avis, et je me soumets avec grand plaisir à ce qui est décidé, même contre mon avis. Vous me ferez grand plaisir de continuer à me faire part de tout ce qui se passera d'intéressant dans votre généralité sur cet objet, et soyez sûr que je me ferai toujours un grand plaisir de répondre à la confiance que vous me marquez. Vous connaissez, M., etc.

[LI]

Lettre à M. le Contrôleur Général, du 24 septembre 1768.

M. — Je réponds sur-le-champ à la lettre que vous m'avez fait l'honneur de m'écrire le 26 de ce mois. J'avais prévu le renchérissement qui se fait sentir sur les blés, et j'ai eu l'attention de vous les (*sic*) déférer successivement. Jamais ordre ne m'a été plus agréable, M., que celui que vous m'annoncez, en me chargeant de donner de plus en plus toute mon attention à cette partie importante de l'administration. Je vais me mettre à portée de vous donner promptement des éclaircissements certains sur les motifs du renchérissement excessif du prix des blés. Il paraît provenir : 1° des enlèvements aussi rapides que considérables du blé vieux ; 2° des accaparements faits dans les granges, même sur pied, du blé nouvellement récolté ; 3° des manœuvres pratiquées dans les marchés soit par les boulangers qui sont en même temps marchands de blés, soit par les fermiers qui, au lieu de porter aux marchés, y font des achats et se rendent par là maîtres du prix.

Je n'ai cessé jusqu'à ce moment de vous annoncer que ces différents abus, commis à l'ombre de la liberté du commerce des grains, faisaient perdre tous les fruits de cette même liberté très avantageuse en elle-même, et qu'ils occasionneraient nécessairement, si on n'y remédiait promptement, la cherté excessive que l'on éprouve aujourd'hui. Les lettres de plusieurs de mes subdélégués que j'ai eu l'honneur de vous adresser successivement, M., et notamment celle de M. Roger, lieutenant-général de police à Dourdan, que j'ai fait passer hier à M. de Montigny, sont des preuves bien claires des enlèvements considérables, des accaparements faits dans les granges et des achats faits dans les marchés par les laboureurs qui devraient, au contraire, approvisionner ces mêmes marchés. Quant aux arrhements sur les routes ainsi qu'aux manœuvres pratiquées dans le marché d'Orléans par les boulangers et marchands de blé, dont le nombre est multiplié à l'infini, ces faits, qui ne sont que trop notoires, ont été constatés toutes les fois que des officiers de police ont envoyé des commissaires sur les chemins hors la ville ou dans le marché. Mais, comme d'après vos premières lettres, M., les fonctions de ces officiers devaient se borner à maintenir l'ordre et la tranquillité dans le marché comme dans toute autre assemblée publique, ils restaient, ainsi que moi, spectateurs des différents monopoles sans pouvoir sévir, ceux qui les commettaient ne troublant ni l'ordre ni la tranquillité. Je présume que la lettre que j'ai écrite le 24 du présent mois de septembre aux officiers de police des principales villes de la généralité d'Orléans et dont j'ai pris la liberté de vous envoyer copie, ainsi que de celle de M. le Comte de Saint-Florentin du 21 du même mois, dont j'avais repris les mêmes termes, produira un bon effet, parce qu'il y est question de tenir la main à l'exécution des règlements faits pour entretenir dans les marchés non seulement la tranquillité, mais encore l'abondance des denrées destinées à la subsistance du peuple.

Je viens d'ailleurs d'écrire à mes subdélégués la lettre dont je joins une copie, et, d'après leurs réponses, je serai en état de satisfaire à ce que vous me faites l'honneur de me demander par votre lettre du 26 de ce mois. Je puis même provisoirement vous envoyer deux déclarations que j'ai prises sans affectation de deux personnes qui me sont venues trouver à ma terre, où j'ai été moi-même le témoin des courses faites par différents commissionnaires pour acheter les blés dans les granges, sans oser leur faire la moindre question, d'après vos instructions réitérées et pour ne pas me compromettre. Ces déclarations, que j'ai fait signer et dont je garde les originaux, n'ont pas même l'air d'être le fruit de la plus légère perquisition, et j'en ai moi-même rédigé le précis par forme de conversation pour n'en pas laisser deviner l'objet ; mais elles n'en sont pas moins concluantes. Tout ce qui s'est passé, tout ce qui m'est revenu de la part de mes différents subdélégués paraissent (*sic*) ne laisser aucun doute sur l'existence d'une Compagnie considérable pour les fonds ; mais il est également constant que cette Compagnie avait des agents, des commissionnaires et des prête-noms, qui seuls paraissaient pour les achats et les paiements. Or, ces précautions, jointes à l'inconvénient des informations, ont mis dans l'impossibilité de connaître les vrais membres de cette Société, qui, au surplus, est peut être précisément celle formée sous le nom de Malisset que je ne connaissais nullement et dont vous m'annoncez, M., la dissolution. Cette Compagnie a peut-être excédé l'objet de son établissement, ou plutôt ses commissionnaires pourraient avoir mis de l'indiscrétion dans leurs achats, sous le prétexte que leurs commettants étaient autorisés par le gouvernement. Or, en matière de subsistance, tout ce qui annonce le privilège sera toujours l'objet de l'aversion du public.

Permettez-moi, M., encore quelques réflexions que le zèle inspire et que je défère à vos lumières supérieures. En général, je regarde l'édit de juillet 1764 comme une loi très avantageuse, particulièrement à la généralité d'Orléans. Mais j'ai toujours pensé que le législateur avait en vue de ne faire tomber l'exportation que sur l'excédent de la subsistance d'une province, dont il paraît naturel de faire jouir celles qui en manquent, soit par la nature du sol, soit par la perte de leurs récoltes. Or, l'esprit de la loi, selon moi, serait rempli en obligeant les laboureurs à vendre dans les marchés seulement, avec défense de faire aucun commerce de grains, et en fixant, lors de la tenue de ces marchés, des heures premières pour laisser approvisionner le peuple, et ensuite les boulangers ; après ces deux époques, les marchands pourraient faire leurs achats, et l'exportation serait absolument libre de la part de toutes personnes, à l'exception des laboureurs qui seraient tenus de vendre dans tels marchés qu'ils voudraient. Il me semble que ces précautions, loin de gêner la liberté, l'assureraient et la soutiendraient ; car il ne me paraît pas praticable de l'établir aussi indéfinie pour la vente du blé et du pain que pour les autres denrées ; il faut nécessairement des lieux et des jours fixés pour l'approvisionnement du peuple, et ce peuple n'est pas, à beaucoup près, aussi effrayé du prix du pain que de la disette du blé dans les marchés. Or, cette disette aura lieu, tant qu'il sera permis d'acheter et vendre les grains dans les greniers, dans les granges, et même sur pied, comme on m'assure que cela est arrivé cette année, et ainsi que la déclaration ci-jointe le confirme ; voilà des preuves des faits que j'ai avancés. Cette disette augmentera encore, lorsque, sous prétexte de la liberté, on tolérera que les boulangers et marchands aillent sur les chemins au-devant des voituriers qui amènent du blé au marché pour les (*sic*) acheter et y en faire conduire ensuite une partie dont ils font un nouvel achat simulé à un prix beaucoup plus considérable, afin de forcer les officiers de police à augmenter la taxe du pain et de gagner davantage sur le blé qu'ils ont en grenier. Ces manœuvres une fois réprimées, l'abondance renaîtrait infailliblement par l'approvisionnement des marchés, et le prix du blé, ainsi que celui du pain, prendraient le niveau qui paraît faire l'objet de vos vues. On ne redouterait même pas alors les compagnies qui pourraient se former, dès que leurs émissaires ne pourraient acheter que dans les marchés et aux heures fixées pour la vente de l'excédent de la subsistance, et qu'il ne serait pas délivré de permission particulière pour exporter à l'étranger, lorsqu'une fois le prix du blé serait de 12 l. 10 s. le quintal, ainsi qu'il est fixé par l'édit de 1764.

J'ai pensé, M., que vous trouvere zbon que je vous misse (*sic*) sous les yeux provisoirement ce résumé de mes précédentes représentations et observations, en attendant que je puisse vous faire part des éclaircissements particuliers que je dois recevoir de mes subdélégués et que je prendrai moi-même dans le cours de ma

tournée, que je commencerai demain, pour l'assiette des impositions. Je suis, etc.

[LII]

*Déclaration du syndic de la paroisse d'Huétre, élection
d'Orléans.*

Je soussigné, syndic d'Huétre (1), élection d'Orléans, m'étant
rendu chez M. l'Intendant qui désirait être informé s'il existait
quelque abus sur le fait des chasses, sur la répartition de la taille,
sur le produit des récoltes et l'état des blés, déclare : sur le premier objet, n'avoir aucune connaissance qu'il y ait abus sur la
chasse ; sur le deuxième, que, dans la répartition de la taille, on
n'a pas d'égards aux pièces de terre qui sont plus chargées de
champarts et de dîmes que les autres, ce qui est une injustice qui
mérite d'être réprimée ; sur le troisième, que les mars ont assez
produit, mais que la grêle a porté sur les blés et que la rouille qui
s'y est jointe les a fort endommagés ; sur le quatrième objet, avoir
été témoin qu'il y a environ trois semaines, le nommé Hardy,
marchand de blé à Orléans, accoutumé à se rendre sur les chemins les jours de marché pour arrêter les blés, en acheta une voiture qu'il fit conduire chez lui, mais que, le peuple s'étant attroupé
et ayant forcé ce marchand à transporter le blé au marché, le murmure ne s'apaisa qu'à l'arrivée du commissaire, qui a cité ce marchand à la police ; avoir encore connaissance que ce même Hardy
a encore été repris pour le même fait par la police et qu'il court
les campagnes pour acheter des blés même avant qu'ils soient
battus ; n'a pas connaissance d'autres abus dans la province ; qu'il
y a quelques veuves qui sont pauvres et ont besoin de secours,
quoiqu'elles soient ménagées en taille. Fait ce 26 septembre 1768.
Signé : Bénard, syndic d'Huétre.

[LIII]

*Déclaration du curé de la paroisse de Dambron, élection
d'Orléans.*

Je soussigné, Jacques Lemoine, curé de la paroisse de Dam-

____

(1) *Huétre*, département du Loiret, arrondissement d'Orléans, canton
d'Artenay.

— 110 —

bron (1), proche Artenay, étant venu faire visite à M. de Cypierre
en son château de Chevilly, déclare lui avoir dit, par forme de conversation, qu'il y a environ sept semaines que le nommé Parthin,
marchand, demeurant aux Aydes (2), vint dans ma paroisse et me
marchanda le blé que je recueille comme décimateur, que, mon
blé n'étant pas encore serré dans la grange en entier, que (sic) nous
convinmes de prix ensemble à 22 l. 10 s. le sac de blé froment pesant environ 250 livres, que mes gerbes ne sont pas même encore
finies d'être battues; déclare aussi qu'il est à ma connaissance que
ce même marchand en a acheté depuis un an plus de 500 muids,
et qu'on le transporte successivement en son dépôt à Orléans, et
qu'il y a même plusieurs greniers en faisant un gros commerce.
Fait à Chevilly, ce 27 septembre 1768. Approuvé l'écriture. *Signé*:
J. Lemoine, curé de Dambron.

[LIV]

Réponse de M. le Contrôleur Général, du 3 octobre 1768.

M. — J'ai reçu la lettre que vous avez écrite à M. de L'Averdy le
28 du mois dernier. Les faits qui y sont contenus m'ont paru mériter considération, et je ferai la plus sérieuse attention à ce qui
en fait l'objet. J'ai toujours été fort porté à favoriser la liberté du
commerce des grains, non seulement pour que les laboureurs et
propriétaires ne soient pas privés des fruits de leurs travaux et de
leurs propriétés, mais peut-être plus encore pour procurer au
peuple l'abondance des denrées nécessaires à sa subsistance, et
aux prix les plus équitables. Je réfléchirai mûrement aux réflexions
que vous faites sur les inconvénients de cette liberté. Je prendrai
les instructions du Roi sur cet objet important, et je vous les ferai
connaître. Vous ferez bien de continuer à prendre des éclaircissements avec toute la prudence et la discrétion possibles, étant
assuré par ma propre expérience, dans une place semblable à
celle que vous occupez, que rien n'est si dangereux dans cette matière que tout ce qui peut marquer la moindre crainte de la part de
ceux qui sont chargés de l'administration. Je suis, etc.

[LV]

Lettre à M⁰ᵉ l'Évêque d'Orléans, du 20 septembre 1768.

Mᵍʳ. — Je suis bien flatté que vous approuviez ma conduite et les

(1) *Dambron*, département d'Eure-et-Loir, arrondissement de Châteaudun,
canton d'Orgères.

(2) *Les Aides*, département du Loiret, commune d'Orléans.

détails que j'ai eu l'honneur de vous faire par ma lettre du 23 de ce mois. Votre suffrage encourage mon zèle et me dédommage de mes peines ; l'espoir que vous me donnez d'obtenir celui de M. le Duc de Choiseul ajoute à ma sensibilité et à ma reconnaissance. Je crois déjà, d'après vos bontés pour moi et vos représentations, M. le Contrôleur Général bien mieux disposé ; vous verrez par la copie de sa dernière lettre ci-jointe que ce ministre parle bien différemment que dans ses précédentes. Par ses premières lettres, il me recommandait l'inaction ; il regardait l'exécution des reglements de police dans les marchés superflue ou dangereuse. Aujourd'hui. il m'invite enfin à porter toute mon attention au renchérissement du blé que je ne cessais de lui prédire et de lui annoncer depuis six semaines. De son côté, M. de Saint-Florentin m'a écrit pour m'autoriser à exiger des officiers de police les mêmes précautions que j'avais annoncées être nécessaires pour assurer la subsistance des peuples dans les marchés. Me voilà donc un peu plus à mon aise et bien justifié.

Il me reste cependant à détruire l'imputation de M. le Contrôleur Général de n'avoir cité que des abus et des faits vagues sans les avoir constatés. Ma justification ne sera pas difficile. 1° On m'a répondu par les premières lettres que je devais rester dans l'inaction, que toute perquisition, recherche et inquiétude de ma part serait déplacée dans les circonstances, que je devais contenir jusqu'à mes yeux dans lesquels on chercherait à lire ici. Je n'ai donc pas été à portée de vérifier les abus que je déférais au ministre par des informations particulières. 2° Les abus étaient notoires et ont été (quant à ceux qui se pratiquent dans les marchés) constatés successivement par les commissaires de police. 3° J'annonçais qu'il y avait une Compagnie considérable dont les achats indiscrets et multipliés faisaient hausser rapidement le prix du blé, et M. le Contrôleur Général m'écrit qu'il vient de détruire la Compagnie connue sous le nom de Malisset. J'ai donc cité des faits vrais et aussi prouvés que les circonstances pouvaient le permettre. 4° Je commence à me procurer des preuves qui constatent ces abus, et je les multiplierai, s'il le faut, au retour de mon département. En attendant, j'ai l'honneur de vous envoyer deux déclarations que j'ai prises à ma terre et dont je garde les originaux, qui prouvent bien clairement les abus que j'ai avancés. Ces déclarations auraient été encore bien plus étendues, si je n'avais pas craint d'en laisser deviner le motif et l'objet. Mais il faut user de prudence, et comme je les ai moi-même écrites, vous verrez, Mgr, que j'y ai mêlé des objets étrangers pour ne pas faire entrevoir le véritable. Ainsi, le reproche de n'avoir pas constaté les faits tombe aujourd'hui par les preuves des abus que je rapporte, pratiqués dans les campagnes, et par les procès-verbaux des commissaires sur les abus qui se commettent dans les marchés. Je vous supplie de lire la copie de la réponse que je fais à M. le Contrôleur Général et de jeter un coup d'œil sur ces déclarations.

Quant au reproche de M. de Montigny qui prétendait que je me plaignais de ce qu'il ne me faisait pas de réponse, il m'en a écrit directement, et j'ai lieu de présumer que, par la réponse que je lui ai faite, qu'il (*sic*) sera bientôt désabusé, surtout d'après la bonté que vous avez eu de me soutenir vis-à-vis de lui en rendant justice à mes vrais sentiments envers ce magistrat.

Je crains bien, Mgr, d'abuser de vos moments et de votre patience ; mais vos bontés pour moi, l'intérêt de la matière me font espérer que vous me pardonnerez la prolixité. Je suis persuadé que l'on en viendra aux précautions que j'ai annoncées comme nécessaires pour assurer la tranquillité et la subsistance des peuples. Ces précautions ne sont point des entraves à la liberté ; elles en maintiennent, au contraire, l'effet ; tant que les marchés seront garnis, le peuple verra presque avec indifférence les achats de blés pour des destinations ultérieures ; ces marchés étant toujours garnis, le blé se réglera sur un prix raisonnable ; l'excédent se portera dans les provinces qui en ont besoin ; les monopoleurs, n'étant plus maîtres du prix dans les marchés par les défenses qui seront faites aux marchands d'y entrer avant que la commune et les boulangers soient fournis, seront plus circonspects dans leurs achats et dans leurs projets. Les laboureurs, assujettis à porter dans les marchés à raison de leurs exploitations, établiront une concurrence avec les marchands, qui arrêtera leur cupidité et la témérité de leurs spéculations. Le nécessaire nous restera, le superflu ira chez nos voisins et dans les provinces qui auront manqué, parce que tous les sujets méritent également l'attention du gouvernement et la protection du Roi. Cette liberté enfin, soutenue par des précautions que les circonstances exigent, rétablira un équilibre dans le prix du blé, qui maintiendra l'activité du cultivateur sans nuire à l'industrie du journalier et des habitants des villes. On parviendra à ce juste milieu, à ce niveau que désire le gouvernement et qui fera le bonheur des peuples, parce que les abus seront proscrits et que l'avidité des spéculations sera contenue par l'exécution des règlements.

8

Voilà, Mgr, les principes dans lesquels les circonstances actuelles et l'expérience me confirment. Je ne crois pas être outré ; je soutiens la liberté des grains, mais j'exige des précautions pour la maintenir avec sévérité. Je vous supplie de continuer à me faire part de vos avis, de vos conseils et de votre sentiment sur mes réflexions, que je vous défère avec d'autant plus de confiance que vos bontés m'y autorisent et que je suis infiniment jaloux de votre suffrage et de votre protection, d'après votre zèle patriotique et vos vues pour l'avantage du royaume et le bien général de l'humanité. Je vous supplie de continuer de m'honorer de vos réponses qui accréditent mon zèle et en font la première récompense. Je suis, etc...

[LVI]

Réponse de M. l'Évêque d'Orléans, du 1er octobre 1768.

J'ai reçu, M., votre lettre du 29 du mois dernier. Vous pouvez dans tous les temps compter sur ma tendre amitié. J'approuve fort la lettre que vous avez écrite à M. de L'Averdy, le 28, en réponse à la sienne du 26, et les deux soumissions qui pouvaient le persuader des monopoles. Comme, depuis sa retraite, il se pourrait faire que M. d'Invau, nouveau Contrôleur Général, n'eût point eu votre réponse, vous ne feriez pas mal de lui adresser copie de toute votre expédition, afin qu'il voie par sa lecture les principes sur lesquels vous marchez pour que le peuple soit soulagé dans sa première subsistance. Quand j'aurai occasion de parler de vous à M. d'Invau, je le ferai. Jusqu'à présent, je le connais très peu. Je crois que vous n'avez rien de plus sage à faire qu'à continuer de découvrir les monopoles, les enlèvements de blés, et ceux qui sont les auteurs, et de ne pas vous lasser d'en envoyer les preuves ici et de clabauder contre.

J'ai l'honneur d'être, M., etc.

[LVII]

Lettre à M. le Contrôleur Général, du 6 octobre 1768.

M. — A mon retour de Clamecy, Gien et Montargis où je me suis rendu successivement pour l'assiette de la taille, j'ai reçu les deux lettres que vous m'avez fait l'honneur de m'écrire le 3 du présent mois, en réponse aux miennes des 25 et 28 septembre adressées à M. de L'Averdy et relatives aux subsistances de la généralité d'Orléans. Rien ne peut me flatter davantage, M., que l'approbation que vous avez la bonté de donner à mes observations sur les moyens d'entretenir l'abondance et la tranquillité dans les marchés sans nuire à la liberté du commerce des grains, que je regarderai toujours comme très-avantageuse lorsqu'elle ne servira pas de prétexte aux abus. Dès que ma tournée sera finie, j'aurai l'honneur de vous rendre compte des éclaircissements particuliers que je me serai procurés sans affectation et avec toute la discrétion possible pour constater ces mêmes abus, seuls motifs (selon moi) de la cherté excessive que nous éprouvons aujourd'hui sur le prix du pain.

La diminution d'un denier par livre qui a eu lieu à Orléans le 24 septembre dernier s'est entretenue au marché du 1er octobre, quoiqu'il y ait eu un peu d'augmentation sur le prix du blé. Mais [j'ai] tout lieu de craindre une nouvelle augmentation pour samedi, n'y ayant eu au marché d'hier mercredi que deux voitures de blé de laboureur et la valeur de trois ou quatre voitures qui aient été envoyées par les marchands de la ville, après l'ouverture du marché. Aussi le prix du blé a-t-il augmenté et été porté jusqu'à 7 l. 15 s. la mesure d'Orléans, pesant 50 livres, ce qui fait 36 l. 8 s. le prix du setier de Paris. La ville d'Orléans n'est pas la seule à plaindre sur le prix du pain et la disette du blé dans les marchés. Ceux (1) de la Beauce et du Gâtinais sont encore plus dégarnis. Le mal provient des enlèvements inconsidérés qu'on y a faits et qu'on y fait encore journellement, ainsi que vous le verrez, M., par l'extrait que je joins des observations de mon subdélégué de Pithiviers sur son état du prix des grains. J'ai l'honneur de vous envoyer un pareil extrait de l'état de Dourdan, qui annonce la diminution subite qu'a procurée l'exécution des règlements pour la police des marchés.

Enfin, M., d'après tout ce que j'apprends journellement des arrhements faits dans les granges et dont j'aurai de nouvelles preuves sans qu'on puisse même soupçonner le motif de mes questions, on ne peut guère se flatter de voir garnir les marchés que par des spéculateurs qui, se trouvant maîtres de la matière, en soutiendront le prix au gré de leur cupidité : ce qui me fait persister dans mes réflexions contenues dans ma lettre du 28 septembre dernier, que je vous supplie, M., de vous faire représenter.

Je suis, etc...

(1) Textuel; sous-entendre « les marchés ».

[LVIII]

Lettre à M. de Montigny, du 7 octobre 1768.

M. — Je réponds à la lettre que vous m'avez fait l'honneur de m'écrire le 3 de ce mois. Par la lettre de M. de Saint-Florentin, dont j'ai eu l'attention de vous adresser une copie, il m'était ordonné d'engager les officiers de police de mon département à faire exécuter les règlements de police pour assurer la tranquillité et l'abondance dans les marchés, en ne permettant aux marchands de n'y entrer que quelques heures après le peuple et les boulangers. J'ai eu l'honneur de vous envoyer une copie de la lettre que j'ai écrit[e] en conséquence aux officiers de police des principales villes de la généralité. J'apprends par le lieutenant de police de Dourdan que cette précaution a déjà produit d'heureux effets ; il m'observe qu'ayant veillé à ce que les marchands n'achetassent le blé qu'après que le peuple a été fourni, il en est résulté une diminution de 20 s. par setier et d'un sol sur le prix du pain du poids de 9 livres.

Le second objet de la lettre de M. de Saint-Florentin était d'engager les laboureurs à porter des blés aux marchés en proportion de leurs exploitations ; mais il n'a pas été question de l'ordonner, ainsi que vous le présumez ; je ne suis pas même autorisé à rendre une ordonnance à cet égard, et tout se réduit à de simples invitations que je serai peu à portée de faire à ces laboureurs, éloignés de moi dans un grand département, surtout dans le moment où je suis d'une tournée générale pour l'assiette des impositions. J'en ai déjà fait une partie, et je ne peux vous dissimuler que le cri du peuple est général sur le prix excessif du pain. Il y a eu une fermentation populaire et assez vive la semaine dernière dans le marché de Gien ; le lieutenant a rendu sur-le-champ une ordonnance dont j'ignore encore les dispositions, mais dont il a fait part à M. le Procureur Général. J'attends une copie de cette ordonnance et j'aurai l'honneur de vous l'envoyer.

Au reste, ma conduite est toujours la même. Le seul froid (*sic*) et l'air de tranquillité que vous m'avez recommandé et que j'observe paraît, en effet, rassurer ceux qui me parlent ; mais, la cherté subsistant, la réflexion cède aux besoins et à la crainte d'une cherté encore plus grande pour les arrhements des blés qui ont été faits partout dans les granges, sur pied et avant d'être battus.

J'ai déjà eu l'honneur de vous faire passer deux déclarations à ce sujet ; je peux vous en faire passer successivement le nombre que vous désirerez. Mais ces arrhements sont si connus et d'une telle notoriété parmi le peuple que ces déclarations paraissent superflues. On ne peut aller dans une ville sans entendre le même cri sur ces achats anticipés, dont le but est de se rendre maître du prix des grains de la part des marchands et de leurs associés. Vous n'avez pas eu la bonté, M., de me marquer ce que vous pensez de ces déclarations et de la forme que j'ai observée en les prenant pour n'en pas même laisser deviner le principe et l'objet à ceux qui me les donnaient.

Notre marché d'avant-hier à Orléans a été très dégarni, ainsi que vous le verrez par le compte que j'en rends dans ma lettre ci-jointe à M. le Contrôleur Général, et je crains une augmentation pour le prochain. Au reste, je n'écris ni ne donne aucun ordre à cet égard dans mon département. Mes subdélégués n'y sont et n'y paraissent pour rien ; je ne fais ni perquisition ni recherche ; je sais combien la prudence et la circonspection sont nécessaires, et, s'il arrive quelque événement, je n'y aurai sûrement aucune part. Je vous prie d'avoir la bonté de me dire si vous désirez que je continue de prendre de nouvelles déclarations pareilles à celles que j'ai eu l'honneur de vous faire passer ; je n'ai et ne dois avoir d'autres vues et d'autres opinions que celles du Conseil et me conformer littéralement à ce qui m'est prescrit et qui est ma première mission. Si je hasarde des réflexions, si j'ose vous faire quelques observations, c'est toujours sans entêtement ni partialité ; car je les défère toujours aux lumières supérieures qui doivent me diriger. Je continuerai, M., à vous faire part de tout ce qui me paraîtra intéresser cette partie essentielle, et la confiance que vous avez la bonté de me témoigner ajouterait, s'il est possible, à mon zèle. Je suis, etc...

[LIX]

Réponse de M. de Montigny, du 8 octobre 1768.

Les déclarations que vous m'avez envoyées, M., me prouvent que quelques personnes ont acheté des blés dans les granges ; mais je ne trouve pas encore un fait ni bien circonstancié et (*sic*) tel enfin qu'on puisse convaincre un homme d'avoir fait son possible pour enchérir le blé et se rendre maître de cette immense provision qui couvre les campagnes. Vous avez très-bien fait de vous en tenir exactement aux instructions qui vous ont été données par M. de Saint-Florentin. Je souhaite fort que nous puissions nous voir pour comparer nos idées ; je vous dirai les miennes. Je ne puis vous dissimuler qu'il me semble qu'elles diffèrent un peu des vôtres. Je suis fort fâché que votre marché se trouve dégarni ; il faut attendre la fin des semences. Vous connaissez, M., etc.

(LX)

Lettre à M. de Sartine, du 7 octobre 1768.

Vous avez eu connaissance, M., de la lettre que j'ai reçue de M. le Comte de Saint-Florentin, dont l'objet est d'assurer l'abondance dans les marchés. En conséquence de ses ordres, j'ai écrit aux officiers de police des principales villes de mon département, ainsi que j'ai eu l'honneur de vous en prévenir, pour les engager à faire exécuter les règlements de police pour assurer la subsistance dans les marchés en n'y admettant les marchands qu'après les heures destinées pour l'approvisionnement du peuple et des boulangers. Le lieutenant de police de Dourdan me marque que cette précaution a déjà produit d'heureux effets, et qu'au dernier marché, le blé a diminué de vingt sols par setier et le pain d'un sol sur les neuf livres. J'apprends aussi avec reconnaissance que vous voulez bien vous en occuper.

Le second objet de la lettre était d'engager les laboureurs à porter aux marchés des blés en proportion de leurs exploitations ; mais, comme il ne s'agit que d'une invitation, je souhaite plus que je ne l'espère que ces exhortations produisent l'effet qu'on en attend. Comme je ne connais pas les règlements dont l'exécution a été réservée par l'édit de juillet 1764 pour l'approvisionnement de Paris, je vous serai infiniment obligé, M., d'avoir la bonté de me faire passer un exemplaire des plus essentiels, dont vous estimez l'exécution importante : je n'en ferai d'usage que pour mon instruction.

Le peuple est aussi à plaindre dans mon département du côté de la Loire que dans les élections voisines de Paris. Par la cherté excessive du pain, le laboureur devient marchand de blé et ne devrait pas l'être ; la culture des terres suffirait pour animer son travail et exciter son industrie. Le peuple se plaint des arrhements de blés faits dans les granges et dont la soustraction dégarnit les marchés. On commence à sentir qu'à l'ombre de la liberté, la vente et revente du même grain, faite quelquefois pendant le cours du même marché deux ou trois fois, produit nécessairement une augmentation rapide sur le prix du blé qui influe sur celui du pain, et sûrement l'édit de 1764 n'a point entendu autoriser ces manœuvres. La liberté exige donc des précautions, voilà mon refrain ; mais je me garde bien de dire tout haut mon sentiment. Je suis persuadé plus que personne combien la prudence et la discrétion sont nécessaires dans les circonstances. Je vous demande pardon, M., d'oser bégayer sur une matière que vous entendez mille fois mieux que moi. Mon objet n'était que de vous demander un exemplaire des règlements dont l'exécution est réservée par l'édit, et je sens que je vous dérobe des moments que vous employez bien mieux qu'à me lire. Je suis, etc.

[LXI]

Lettre de M. de Sartine, du 6 octobre 1768.

M. — Je crois devoir vous faire part des observations qui viennent de m'être adressées par le procureur fiscal (1) de Rambouillet au sujet de la cherté du blé. Il prétend qu'elle provient surtout de la liberté qu'ont les laboureurs et fermiers d'en acheter dans les marchés. Intéressés à le maintenir toujours au plus haut prix, s'ils s'aperçoivent qu'il diminue, au lieu de vendre celui qu'ils ont porté au marché, ils ferment leurs sacs et achètent eux-mêmes. On avait pris le parti à Rambouillet, pour faire cesser cet abus, de condamner à l'amende les laboureurs qui fermaient ainsi leurs sacs comme vendus, quoiqu'ils ne le fussent pas : mais il en a (sic) résulté un autre inconvénient. Ces laboureurs ont cessé de venir à Rambouillet et ont tous porté aux marchés circonvoisins où l'on n'exerce pas la même police ; ils dévastent ces marchés et enlèvent le blé à tout prix. Je vous supplie, M., de faire vérifier ces faits et de vouloir bien me faire part des éclaircissements que vous vous serez procurés. Je suis, etc.

(1) Officier établi dans une justice seigneuriale pour y maintenir l'ordre, soutenir les droits du seigneur et ceux du public, au civil et au criminel, veiller à la conservation du fisc (de là son nom) et poursuivre les droits et profits pécuniaires qui appartiennent au seigneur de la justice. Il remplit dans une justice seigneuriale les mêmes fonctions que le procureur du roi dans une justice royale. Voir FERRIÈRE, *Dictionnaire de droit et de pratique* (édition de 1755) au mot : *Procureur fiscal.*

[LXII]

Réponse à M. de Sartine, du 9 octobre 1768.

M. — La lettre particulière que j'ai eu l'honneur de vous écrire le 7 de ce mois répond provisoirement à la vôtre du 6 qui s'est croisée (1). L'exposé du procureur fiscal de Rambouillet sur les manœuvres pratiquées par les laboureurs dans les marchés est très-exact ; j'en ai été informé par le bailli de Rambouillet, qui est, en même temps mon subdélégué. D'ap.es tout ce qui me revient journellement, je regarde comme bien essentiel, pour le soutien de la bonté du commerce des grains et assurer et maintenir l'abondance dans les marchés, de restreindre le laboureur à la culture de la terre. Son travail doit être animé et encouragé par un gain honnête sur le produit de ses récoltes ; c'est le distraire de son état que le laisser, à l'ombre de la loi, spéculer sur une branche de commerce étranger à son exploitation. Qu'il saisisse le moment le plus avantageux de vendre ses blés ; voilà où sa liberté, selon moi, doit se concentrer, et, s'il enlève pour les semences de sa ferme des blés au marché, je crois qu'on doit l'obliger de rendre à la subsistance destinée pour la société la même quantité qu'il vient de lui soustraire ; et alors tout reste dans l'ordre et l'équilibre, le blé se soutient sur un prix raisonnable qui suffit pour exciter son activité et son travail et auquel l'artisan, l'industriel et le peuple peut néanmoins atteindre. J'attends d'ailleurs avec la plus grande confiance tout ce que le Conseil ordonnera à cet égard. Or, suivant les éclaircissements que je reçois de mes subdélégués des élections de Dourdan, Chartres, Châteaudun et Pithiviers, qui avoisinent le plus la généralité de Paris, le plus grand nombre des laboureurs non seulement ne vendent point leurs grains, mais en achètent, de sorte qu'au lieu de garnir les marchés et de procurer l'abondance, ils resserrent l'espèce, se rendent maîtres du prix et en forment le renchérissement.

Je ne suis pas surpris de l'effet qu'a produit dans le marché de Rambouillet la condamnation prononcée par le juge contre les laboureurs qui, s'apercevant de la diminution du prix du blé, ont fermé leurs sacs comme vendus, quoiqu'ils ne le fussent pas réellement. L'inconvénient qui en a résulté est la suite naturelle d'un

(1) Sous-entendre : avec la mienne.

ordre particulier exécuté dans un marché et qui fera toujours refluer ces laboureurs et marchands dans le marché voisin où ils ne seront pas également surveillés. Aussi suis-je très-persuadé qu'il faut un règlement général ; car comment contrarier une loi qui subsiste par des ordres particuliers qui peuvent compromettre et que les circonstances rendront néanmoins nécessaires jusqu'à ce qu'il y ait été pourvu par le Conseil? Dans l'état actuel des choses, je présume qu'il faut une loi aussi généralement connue que l'édit de juillet 1764, et je suis convaincu que cette loi interprétative, qui apporterait des modifications à l'édit, que l'expérience parait démontrer nécessaires, qui ferait revivre les règlements de police pour les marchés et autoriserait de sages précautions contre les abus qu'on a faits de l'édit, je suis, dis-je, convaincu que cette loi mitigée, loin de nuire à la liberté du commerce des grains, ne ser-virait au contraire qu'à la soutenir et à en faire retirer tout l'avantage que l'on avait lieu d'en attendre, si l'édit eût prévu les abus qui sont introduits à l'ombre de cette même liberté trop indéfinie.

Je me crois essentiellement obligé, M.. d'exposer ces abus à M. le Contrôleur Général et de lui faire passer successivement les preuves que je m'en procure sans affectation et sans même que l'on puisse soupçonner le motif de mes questions, dont je ne laisse pas même entrevoir le véritable objet. Vous êtes bien plus à por-tée, M., de connaitre ces inconvénients par vous-même, et consé-quemment de venir à l'appui de mes représentations, si, comme je crois m'en apercevoir. elles sont analogues à votre façon de penser sur cet article important de l'administration. Je suis, etc.

[LXIII]

Lettre à M. l'Evéque d'Orléans, du 9 octobre 1708.

Mgr. — Les réponses dont vous m'honorez soutiennent et animent mon zèle, et votre suffrage devient la première récompense de mes soins. M. d'Invau a eu connaissance de mes lettres des 24 et 28 septembre dernier à M. de L'Averdy. Il m'a répondu que les détails qu'elles contiennent méritaient la plus grande considé-ration et qu'il y réfléchirait mûrement, et sa réponse satisfaisante me donne l'espoir de voir bientôt nos maux s'adoucir. J'acquiers tous les jours de nouvelles preuves des monopoles et des abus qui s'exercent à l'ombre de la liberté indéfinie et sans restriction que M. de L'Averdy paraissait par ses réponses désirer de maintenir, et chaque jour les inconvénients qui résultent de cette trop grande liberté et le murmure des peuples devenu plus sensible.

Vous jugerez, Mgr., de ces abus et de ces inconvénients par la déclaration ci-jointe que je vais faire aussi passer à M. le Contrôleur Général. Elle prouve avec une évidence sans réplique le monopole, les arrhements faits dans les granges, la cupidité des marchands qui courent acheter dans les paroisses les récoltes des fermes en bloc et avant que les blés soient battus, l'intelligence et l'accord de la plupart des commissionnaires entre eux pour partager le bénéfice de leurs manœuvres et se revendre de l'un à l'autre plusieurs fois dans les marchés le peu de blés qu'ils y font paraitre pour en hausser rapidement le prix et tirer ensuite un meilleur parti de ceux qu'ils ont dans leurs greniers ou qu'ils réservent à des destinations étrangères. Tout est affligeant dans les réflexions que ces abus font naitre et dans les suites auxquelles ils peuvent donner lieu. Vous y verrez le laboureur pressé par ses besoins, forcé de vendre ses grains à trop bas prix, tandis que ces marchands se le revendent entre eux plus d'un tiers du prix en sus. Quelle cupidité et quelles vues odieuses n'annoncent pas ces commissionnaires qui, dès le mois d'août, galopent dans les campagnes de grange en grange pour s'assurer de toutes les récoltes, donner de l'argent d'avance, se rendre maitres des prix en abusant de la situation du pauvre cultivateur que la vue de l'argent tente et qu'il accepte comme ressource du moment pour éloigner celui de sa misère, car alors le besoin ne calcule plus! On a vu des disettes quelquefois dans les mois de mai et de juin; de mauvaises récoltes, des greniers épuisés par une consommation nécessaire faisaient soupirer après les nouvelles récoltes, et la prudence humaine ne pouvait guère prévoir ce déficit de subsistance dans les deux derniers mois de l'année. Mais voir naitre la disette à l'instant même de la récolte (récolte assez abondante), voir les grains vendus dans les granges, les commissionnaires allant au-devant des voitures de blé les jours de marché pour en augmenter la disette apparente et en soutenir le prix excessif: l'édit de juillet 1764, je le répète, n'a pas eu pour objet d'accréditer ces manœuvres, d'autoriser ce abus. L'objet du gouvernement a certainement été d'assurer la subsistance des peuples, de faire verser le superflu dans les provinces qui en ont besoin et d'établir l'équilibre et le niveau par un prix raisonnable qui paie le salaire du cultivateur et auquel l'artisan et l'industriel puissent atteindre.

La liberté exige donc des précautions et des ménagements, et c'est toujours le résultat de mes réflexions que je défère avec confiance aux lumières supérieures qui doivent me diriger. Si chaque jour on découvre de nouveaux abus pratiqués à l'ombre de la liberté, et chaque jour aussi le murmure du peuple augmente. A Gien-sur-Loire, il y a eu dernièrement une fermentation populaire qui aurait [eu] des suites fâcheuses sans l'activité des officiers de police à rendre une ordonnance pour retenir du blé, faire garnir le marché. A Montargis, le procureur du Roi et de police l'a prévenue à propos la semaine dernière. A Romorantin, il y a eu attroupement violent au dernier marché. Un des commissionnaires monopoleurs s'est porté lundi dernier, jour de marché, à Romorantin, sur les chemins, et a arrêté les voituriers qui y amenaient du blé ; il en a acheté six setiers. Le peuple, ayant vu ces achats, est accouru chez le lieutenant de police, homme sage et prudent, qui a fait apporter le blé au marché et l'a fait vendre sur-le-champ au profit des pauvres ; précaution momentanée et faite à temps, qui a arrêté les suites de la fermentation. Un autre a voulu faire passer par Romorantin ses blés pour une destination ultérieure. Quelques femmes l'ont assailli ; il a demandé main-forte ; la maréchaussée est survenue pour le défendre ; les pierres ont volé de toutes parts ; le voiturier a cru en imposer, le pistolet à la main ; la populace a été la plus forte ; la maréchaussée a eu le dessous ; le lieutenant de police a encore pris le parti, pour arrêter les progrès de l'émeute, de faire conduire le blé au marché, et le peuple s'est un peu calmé. Pourquoi ne pas prévoir et permettre par un règlement ce que les circonstances forcent à faire, malgré la loi subsistante de cette liberté indéfinie ? Peut-on se promettre et se flatter, dans la crise générale où sont les choses et d'après les preuves évidentes des monopoles et abus que j'ai annoncés et qui se trouvent consignées dans les déclarations que j'envole successivement et prends avec discrétion, peut-on, dis-je, se flatter de voir régner la tranquillité et l'abondance dans les marchés ? Je ne répéterai pas les détails que vous m'avez permis de de vous faire par mes précédentes lettres. Celle-ci annonce encore de plus grands abus prouvés par la citation des lieux, des personnes et des faits ; elle détaille les suites qui en résultent, les murmures des peuples dans les différentes élections, les violences que ni les représentations ni la prudence ne pourra (*sic*) calmer sans une loi générale qui apporte quelque restriction à cette liberté indéfinie en faisant revivre les règlements de police et usant des précautions nécessaires pour contenir la rapidité des monopoles. Il y a plus de deux mois que le peuple souffre, et il est d'autant plus inquiet qu'il n'est pas encore soulagé et qu'il craint même pour l'avenir.

Le Roi veut le bonheur de ses sujets, le gouvernement ne cherche que le bien général ; j'ose me flatter que nos représentations seront efficaces. Le peuple ne pourra soutenir cet hiver la cherté actuelle du pain. J'ai vu, Mgr., la misère de près dans la tournée que je fais actuellement pour l'assiette des impositions ; l'industrie cède aux circonstances et s'anéantit, le nombre et la concurrence des mains oisives diminuent le prix des journées, le salaire des ouvriers ne peut suffire à la cherté du pain, les chefs de famille s'épuisent par des travaux infructueux et insuffisants pour la nourriture de leur famille, les veuves se désolent, les enfants s'arrachent le pain ; dans plusieurs endroits, les boulangers en altèrent la qualité, et les juges des campagnes croient devoir le souffrir plutôt que de consentir à le voir encore augmenter. On est assailli de pauvres ; les mendiants, que nous commencions à contenir et à expulser, reparaissent, s'attroupent et jettent le feu dans les fermes de ceux qui leur refusent des secours auxquels eux-mêmes ne peuvent plus suffire. Le chapitre d'Orléans et les environs de notre ville viennent d'en faire la triste expérience. Je vous prie d'observer, Mgr., que ce tableau que je vous rends et que la sensibilité m'arrache, n'est point une vaine déclamation, une assertion vague ; je cite des faits, les lieux et les circonstances qui prouvent notre situation. J'ai demandé aux curés des villes principales, et sans affectation, les noms des pauvres qui paraissaient exiger des secours cet hiver, afin de leur distribuer les quarante quintaux de riz que j'ai reçus à cet effet. Les états sont effrayants et deviennent presque des rôles aussi nombreux que ceux des contribuables à la taille. J'ai suspendu les corvées ; je cherche à rassurer par mon air de tranquillité, et si, dans le malheur commun, je peux goûter quelque consolation et que (*sic*) j'espérais de ma conduite, c'est de voir que, dans presque toutes les villes du département, il y a eu du murmure, de la fermentation, des commencements d'émeutes, tandis que j'ai su contenir, par mes discours et mon sang-froid, la ville de ma résidence, où, l'industrie autrefois plus considérable étant aujourd'hui plus diminuée, la misère est encore, par conséquent, plus sensible, et je

serais du moins justifié, par le fait même, de l'inculpation de
M. de L'Averdy, si j'avais besoin de l'être. Vous m'avez inspiré
tant de confiance que j'ai cru devoir vous faire ces détails, Mgr.,
parce que je connais votre sensibilité. Ils intéressent votre dio-
cèse, ils intéressent le bien général, et vous en serez sûrement
touché. Une loi salutaire et mitigée qui ne porterait pas atteinte à
la liberté, mais qui autoriserait les précautions et ferait revivre les
règlements de police, nous rendrait le calme et l'abondance ; elle
conserverait des cœurs et des sujets au Roi et ferait cesser les
murmures que l'on hasarde contre le gouvernement, murmures
condamnables et criminels sans doute, mais qui malheureusement
existent et s'étendent par le cri général du besoin.

Je suis, etc.,

[LXIV]

Déclaration du s' Corbin, du 27 septembre 1768.

Je soussigné, Louis Corbin, huissier-audiencier en la maîtrise
des eaux et forêts d'Orléans, m'étant rendu chez M. l'Intendant à
l'occasion de l'inventaire de la succession d'un de ses gardes, et
m'ayant demandé par forme de conversation combien valait le
pain à Cercottes (1), lieu de ma résidence, et s'il n'y avait pas
d'abus ni de surcharges dans les tailles, lui ai déclaré et représenté que la paroisse était surchargée de taille, attendu que la
maîtresse de poste avait retiré un domaine entier qu'elle faisait
valoir en vertu de son privilège, dont l'objet faisait le tiers de la
paroisse, sans qu'elle eût été diminuée, lors de l'exploitation qu'elle
en a faite personnellement. — Sur l'autre objet et sur la demande
qu'il m'a faite s'il y avait des blés vieux dans les environs, lui ai
déclaré que, loin qu'il y eût aucuns blés vieux, on s'était empressé
d'arrher et d'acheter les blés nouveaux ; notamment que le nommé
Pierre Hardy, marchand d'Orléans, était venu il y a environ six
semaines acheter dix-huit muids de blé mesure d'Orléans, le blé
étant encore dans la grange et avant d'être battu ; que le marché
se fit en ma présence à raison de 4 l. 10 s. la mine, qui vaut aujourd'hui plus de 7 l. au marché, ledit achat fait chez Jean Malaquin ;
que le même jour, étant chez moi, il se trouva trois autres mar-

(1) *Cercottes*, département du Loiret, arrondissement d'Orléans, canton
d'Artenay.

chands, nommés Eloy le Bœuf, le sʳ Peigné et un troisième nommé Caume, tous d'Orléans et qui passent pour commissionnaires achetant pour autrui ; qu'après le prix et l'achat fait par Pierre Hardy, deux d'entre les trois voulurent avoir part à ladite vente et en partager le profit et en firent la demande en ma présence ; que ledit Pierre Hardy est en société avec François Poirier, lesquels m'ont dit en conversation qu'ils en avaient pareillement acheté dans la grange du nommé Sevin, laboureur à Boulay (1) et dans la grange du nommé Héchard, fermier à Beaugency-le-Cuit (2) ; que ces deux associés se sont promenés plusieurs jours dans les environs pour acheter des blés. — Déclare que Jean Malaquin, fermier et les dits deux marchands, Peigné et Caume, me dirent qu'ils avaient offert douze cents livres en bloc de la totalité des gerbes dans la grange et que ledit Malaquin avait refusé les offres. — Déclare avoir entendu dire par plusieurs personnes que le nommé Laurent Lafosse, marchand de blé à Orléans, que l'on regarde comme très-riche, s'est promené dans le moment des récoltes dans les paroisses de Rozières, Gémigny, Saint-Sigismond (3) et autres des environs à l'effet des blés, offrant de l'argent et d'acheter les granges en bloc et proposant des à-comptes aux laboureurs par avance, afin d'avoir les blés à meilleur marché. — Qu'enfin il passe pour constant que Pierre Hardy, Poirier, Eloy le Bœuf travaillent pour des marchands dont ils sont commissionnaires ; que tous les blés qu'ils achètent ne se portent jamais au marché et se conduisent directement aux greniers particuliers pour des destinations étrangères, et que le même Pierre Hardy a été repris de la police pour avoir sur les chemins acheté du blé les jours de marché et l'avoir conduit chez lui.

D'après toutes ces considérations que j'ai cru devoir représenter à Mgr l'Intendant, j'ai pris la liberté de le supplier de nous accorder une diminution sur les tailles, comme étant chargé par le syndic de faire des représentations sur la surcharge de la taille et le prix du pain que les veuves et les journaliers sont dans l'impuis-

---

(1) *Boulay*, département du Loiret, arrondissement d'Orléans, canton N.-O. d'Orléans.

(2) *Beaugency-le-Cuit*, département du Loiret, arrondissement d'Orléans, canton d'Artenay, commune de Creuzy.

(3) *Rozières*, département du Loiret, arrondissement d'Orléans, canton de Meung. — *Gémigny*, département du Loiret, arrondissement d'Orléans, canton de Patay. — *Saint-Sigismond*, département du Loiret, arrondissement d'Orléans, canton de Patay.

sance de gagner pour vivre au prix où il est, d'autant que la paroisse de Cercottes a le bonheur de lui appartenir (1).

Fait ce vingt-sept septembre mil sept cent soixante-huit. *Signé* : Corbin.

[LXV]

Réponse de M. l'Evêque d'Orléans, du 12 octobre 1768.

J'ai reçu, M., la lettre que vous m'avez fait l'honneur de m'écrire le 9 de ce mois. Je l'ai lue avec bien de l'attention, ainsi que toutes les pièces qui l'accompagnaient. J'en ferai l'usage le plus convenable et le plus judicieux pour l'utilité publique, le ministère me paraissant s'occuper sérieusement de l'état et de la situation des blés ainsi que de la cherté du pain. Mais comme, en général, on me paraît douter ici des monopoles auxquels on attribue la cherté des grains ainsi que les enlèvements successifs que les marchands ou boulangers font faire, vous ne sauriez trop leur (*sic*) en administrer les preuves qui vous en reviendront dans votre intendance, et tous vos confrères en doivent faire de même. Vous connaissez, M., le sincère attachement, etc.

[LXVI]

Lettre à M. le Contrôleur Général, du 9 octobre 1768.

M. — Le marché tenu hier à Orléans a été médiocrement garni ; il n'y a cependant pas eu d'augmentation sur le prix du beau blé qui, comme j'ai eu l'honneur de vous le marquer le 6 de ce mois, avait été vendu la veille jusqu'à 7 l. 15 s. la mesure d'Orléans pesant 50 livres, ce qui fait 36 l. 8 s. le setier de Paris ; il y a seulement eu de l'augmentation sur le prix de la commune (2), et le pain est resté à la même taxe que la semaine dernière, c'est-à-dire 2 s. 8 d. la livre de pain bis, à 3 s. 11 d. celle du pain commun et à 4 s. 6 d. celle du beau pain. Mais les officiers de police m'ont prévenu que, pour peu qu'il y eût de l'augmentation sur le blé la semaine prochaine, ils ne pourraient refuser aux boulangers d'augmenter la taxe du pain ; de sorte que je regarde cette augmentation comme certaine, les marchés recommençant à se dégarnir, effets

(1) Comme faisant partie de la seigneurie et baronie de Chevilly.
(2) C'est-à-dire de la qualité commune.

naturels des arrhements faits dans les greniers, dans les granges, et de la continuation des manœuvres qui se pratiquent par les boulangers et les marchands de blé, et même par quelques riches laboureurs. J'en acquiers à chaque instant de nouvelles preuves, et je ne puis vous dissimuler, M., que le murmure du peuple devient de jour en jour plus sensible, parce qu'il semble perdre l'espoir de voir adoucir ses maux, qui le font gémir depuis le mois de juillet, et dont il croit ne rencontrer les motifs que dans l'exécution trop étendue d'une loi qui lui a été annoncée comme devant assurer sa subsistance et son bien-être. Je présume toujours, et l'expérience paraît le démontrer, que des modifications et des précautions prises à propos nous rendraient le calme et l'abondance, si on interdisait le commerce des grains aux laboureurs seulement, si les ventes et achats ne pouvaient se faire que dans les marchés et si l'on tenait la main à l'exécution des règlements de police faits pour entretenir l'abondance et la tranquillité dans ces mêmes marchés. Des ordres particuliers aux officiers de police ne peuvent opérer qu'un bien insuffisant. Comment contrarier une loi qui subsiste par des ordres particuliers, qui peuvent compromettre, et que les circonstances rendront néanmoins nécessaires jusqu'à ce qu'il y ait été pourvu par le Conseil ? Il faut une loi aussi généralement connue que l'édit de 1764, et je suis convaincu que cette loi interprétative, loin de nuire à [la] liberté du commerce des grains, ne servirait au contraire qu'à la soutenir et à en faire retirer tout l'avantage que l'on avait lieu d'en attendre, si l'édit eût prévu les abus qui se sont introduits à l'ombre de la liberté indéfinie qu'il accorde.

Vous jugerez, M., de la réalité de ces abus par la déclaration ci-jointe, dont le préambule vous fera connaître les ménagements que j'ai pris pour me la procurer sans faire soupçonner mon véritable objet. Cette déclaration, jointe aux précédentes, me paraît prouver sans réplique le monopole, les arrhements faits dans les granges, la cupidité des marchands, qui courent la campagne pour acheter les récoltes des fermiers *en bloc* et avant que les blés soient battus, l'intelligence et l'accord de la plupart des commissionnaires pour partager entre eux le bénéfice de leurs manœuvres et se revendre l'un à l'autre plusieurs fois dans le même marché le peu de blé qu'ils y font paraître pour en hausser rapidement le prix et tirer ensuite meilleur parti de ceux qu'ils ont, soit dans leurs greniers, soit dans des granges, ou qu'ils réservent à des destinations étrangères.

On ne peut qu'être touché, M., des réflexions que ces abus font naître, ainsi que des suites auxquelles ils peuvent donner lieu. Vous y apercevrez le petit laboureur, pressé par ses besoins, forcé de vendre ses grains à bas prix, tandis que les marchands qui les lui achètent se les revendent entre eux sur-le-champ plus d'un tiers au-dessus du prix de leur achat. Vous serez effrayé, M., de la cupidité et des vues odieuses qu'annoncent ces commissionnaires qui, dès le mois d'août, vont de grange en grange s'assurer des récoltes, offrant de l'argent d'avance, et se rendant maîtres du prix en abusant de la situation du pauvre cultivateur que l'argent tente et qui l'accepte comme ressource du moment pour éloigner celui de la misère, car le besoin ne calcule pas.

S'il est aisé de prouver les nouveaux abus que l'on découvre journellement se pratiquer à l'ombre de la liberté indéfinie, il est aussi constant que le murmure du peuple et la fermentation dans les esprits augmentent sensiblement. A Gien-sur-Loire, il y a eu dernièrement une espèce d'émotion populaire qui aurait eu des suites (*suivre littéralement la lettre à M. l'Evêque d'Orléans du 9 octobre*). A Montargis, etc... A Romorantin, etc..., et le peuple s'est un peu calmé. Dans cet état de crise, peut-on se flatter, M., de voir régner l'abondance et la tranquillité dans les marchés sans une loi générale qui apporte quelque modification à cette liberté indéfinie en faisant revivre les règlements de police et prescrivant les précautions à prendre pour contenir les progrès du monopole? Vous voulez sûrement, M., le bonheur des sujets du Roi, et le gouvernement ne s'occupe que du bien général; aussi j'ose me flatter que mes représentations seront efficaces; j'en attends le fruit avec la plus grande confiance, car le peuple ne pourra sûrement soutenir cet hiver la cherté actuelle du pain. Je vois la misère de près dans les tournées que je fais pour l'assiette des impositions. Si, par état, je dois vous en exposer *l'étendue* et les effets, l'humanité seule m'impose encore cette obligation. L'industrie cède aux circonstances et s'anéantit; le nombre et la concurrence des mains oisives diminuent le prix des journées; le salaire des ouvriers ne peut suffire à leur subsistance; les chefs de maison s'épuisent par des travaux qui, quoique forcés, ne leur procurent pas pour nourrir leur famille; les veuves se désolent, et les enfants s'arrachent le pain dans leurs chaumières; dans plusieurs endroits, les boulangers en altèrent la qualité, et les juges croient devoir le tolérer plutôt que d'en augmenter encore la taxe. On est assailli de pauvres domiciliés; les mendiants vagabonds, que l'on commenrait à contenir, même à expulser, reparaissent, s'attroupent, volant et mettant le feu dans les fermes de ceux qui leur refusent ce qu'ils demandent, ne pouvant y suffire ; plusieurs propriétaires de la généralité, même des environs d'Orléans, viennent d'en faire la triste expérience. Il n'y a, M., que la seule ville de Clamecy où le pain soit à bon marché, parce que les débouchés de cette élection sont impraticables.

Je vous supplie, M., d'observer que ce tableau que je vous trace et que la sensibilité m'arrache malgré moi n'est point une vaine déclamation, une assertion vague ; je cite les personnes, les lieux, les faits et les circonstances qui établissent la situation de mon département. J'ai d'ailleurs la consolation de voir que, dans la ville de ma résidence où la misère est plus sensible qu'ailleurs par la cessation presque totale du commerce, qui en fait la plus grande ressource, il n'y a pas encore eu la moindre fermentation parmi le peuple, que je suis parvenu jusqu'à présent à contenir par la réserve de mes discours et le sang-froid qui m'a été recommandé et dont je sens la nécessité. Je suis, etc...

[LXVII]

Lettre de M. le Contrôleur Général, du 7 octobre 1768.

M. — Je vous envoie la copie d'une lettre que M. Joly de Fleury (1) a fait passer à M. de L'Averdy, par laquelle le lieutenant particulier de Gien se plaint du vide des marchés et du prix actuel des grains. Je vous prie de faire vérifier les faits qu'il donne pour cause de l'un et de l'autre et de vouloir bien me faire part des éclaircissements que vous vous serez procurés.

Je suis, etc...

[LXVIII]

*Copie de la lettre du Lieutenant Particulier de Gien,
du 23 septembre 1768.*

M. — Permettez, je vous en supplie, au lieutenant particulier du bailliage royal de Gien, pour l'absence de tous ses confrères et

(1) Probablement Omer Joly de Fleury, avocat général au Parlement, frère de celui qui succéda à Necker (1781) au Contrôle des Finances.

des gens du Roi, de vous faire part des plaintes des habitants de
cette ville contre les marchands qui achètent dans les pailles et
dans les greniers tous les grains qui sont à vendre pour les transporter. Ces achats multipliés ont mis les grains à un prix excessif
dans cette ville et aux environs, et il augmente d'un marché à
l'autre de 4 à 5 s. par mesure qui pèse 20 à 25 l. Il y a plus ; on
craint une disette générale ; l'on ne conduit plus de blé au marché ;
les boulangers n'en trouvent même plus à acheter dans les environs ; tout est acheté. Mercredi dernier, il n'y avait pas 10 sacs de
blé au marché ; demain, il y en aura peut-être moins encore. Je
crains de ne pouvoir plus retenir la populace, qui se révoltera certainement. Elle se révolta, il y a trois ans, et le blé était de plus
d'un tiers moins cher. Dans ces circonstances, je vous prie de me
marquer si je peux empêcher qu'il soit vendu du grain ailleurs
qu'au marché et si je peux même contraindre ceux qui l'ont vendu
à l'exposer en vente sur la place publique les jours de marché.
J'espère que vous voudrez bien m'honorer d'une réponse prompte,
afin de calmer le peuple et de lui assurer, s'il est possible, sa subsistance. Je suis, etc...

[LXIX]

Lettre à M. le Contrôleur Général, du 10 octobre 1768.

M. — J'ai reçu, avec la lettre que vous m'avez fait l'honneur de
m'écrire le 7 de ce mois, une copie de celle que M. Joly de Fleury
a fait passer à M. de L'Averdy, par laquelle le lieutenant particulier
de Gien se plaint du vide des marchés et du prix actuel des grains.
Je suis d'autant plus en état, M., de vous répondre sur-le-champ
que j'ai été informé des faits en arrivant à Gien, trois jours après,
pour l'assiette des impositions. Le lieutenant particulier de Gien
donne pour motifs du vide des marchés et [de] la cherté des grains
l'enlèvement de la totalité des blés vieux et les arrhements faits
dans les greniers et les granges des blés de la dernière récolte.
Or, ces motifs sont les mêmes dans tous les cantons de la généralité d'Orléans, dont les débouchés par terre ou par eau sont prati-
cables ; c'est le cri général de tous mes subdélégués, qui tous
m'en fourniraient des preuves sans nombre, si vous le désiriez ;
mais, comme on ne peut apporter trop de circonspection dans ces
sortes d'informations, j'ai toujours eu la précaution de les
prendre, et j'ai lieu de présumer que les différentes déclarations

dont j'ai eu l'honneur d'adresser des copies successivement, soit à M. de L'Averdy, soit à vous, M., notamment celle jointe à ma lettre d'hier, ne vous laissent aucun doute sur les enlèvements inconsidérés, les arrhements dans les granges et les autres monopoles de toute nature qui occasionnent la cherté excessive que nous éprouvons aujourd'hui, au moment d'une récolte assez bonne.

J'ai passé à Gien le 29 septembre, trois jours après l'espèce d'émeute populaire prévue par le lieutenant particulier, qui a effectivement eu lieu et qui aurait pu avoir des suites fâcheuses, si le juge de police n'avait sur-le-champ rendu une ordonnance pour retenir le blé qu'on enlevait et en faire garnir le marché. Dans une lettre d'hier, je vous ai rendu compte succinctement de cet événement, ainsi que de semblables arrivés récemment à Montargis et à Romorantin, dont vous serez peut-être informé directement, comme vous l'avez été de celui de Gien. J'ai vérifié sans affectation les motifs de la fermentation, et je me procurerai facilement, si vous le croyez convenable, des déclarations des vendeurs dont les blés vieux ont été enlevés et dont les nouveaux sont arrhés dans les granges par des commissionnaires pour des destinations ultérieures et inconnues. De pareilles manœuvres, aussi généralement pratiquées, paraissent indiquer nécessairement des compagnies puissantes pour les fonds. Celle autorisée par le gouvernement sous le nom de *Malisset* et dont M. de L'Averdy m'a fait l'honneur de m'annoncer la rupture par sa lettre du 26 septembre dernier, a peut-être un peu contribué au mal ; du moins elle paraît avoir enhardi les autres spéculations de ce genre. Actuellement que cette Compagnie est détruite, ses membres et anciens associés sont intéressés à se défaire, à meilleur compte possible, des amas de grains considérables qu'ils avaient formés, et on présume que les arrhements qu'ils ont faits des blés nouveaux n'ont d'autre objet que d'entretenir la disette dans les marchés et de soutenir par là le prix des grains, sauf à perdre leurs arrhes et à laisser le blé aux laboureurs, lorsqu'une fois ils auront vendu celui dont ils se sont chargés aux dépens de la subsistance du peuple. Cette dernière observation, M., n'est qu'une conjecture que j'apprends avoir été tirée d'après les circonstances particulières dans d'autres provinces que celle d'Orléans et qui éprouvent la même disette, également occasionnée par l'abus de la liberté indéfinie du commerce des grains ; c'est la seule observation que je me suis permis de faire jusqu'à présent sans une certitude au moins morale des faits. J'ai cru pouvoir vous la déférer, M., sauf à vous à en faire l'usage que vous croirez convenable, me référant à mes précédentes lettres, où je cite les personnes, les lieux, les faits et les circonstances pour établir l'existence des manœuvres qui se pratiquent dans mon département et contre lesquelles je réclame. Je suis, etc...

[LXX]

Réponse de M. le Contrôleur Général, du 8 octobre 1768,
aux lettres des 6, 9 et 10 du même mois.

M. — J'ai reçu les trois lettres que vous m'avez écrites les 6, 9 et 10 de ce mois, à l'occasion de la cherté des grains. Je ne puis rien changer aux lois qui ont été publiées sur le commerce de cette denrée et qui doivent être exécutées ; vous ne pouvez mieux faire que de vous y conformer exactement. Faites vos efforts pour entretenir la liberté de la communication des secours d'un lieu à un autre, et, si vous apprenez qu'il se passe quelque chose qui soit contraire aux lois ou qui soit un abus prouvé, mandez-le moi, et j'en rendrai compte au Roi. Je compte sur votre exactitude à vous conformer aux intentions de Sa Majesté et à m'informer de tout ce qui se passera. Je suis, etc...

[LXXI]

Lettre de M. de Montigny, du 13 octobre 1768.

J'apprends avec une vraie peine, M., que le renchérissement survenu sur le dernier marché d'Orléans a été occasionné par l'arrêt qui a été fait à Romorantin de près de vingt voitures chargées de grains. Ce sont ces obstacles particuliers qui sont cause du renchérissement de cette denrée beaucoup plus que les prétendus monopoles. Je crois que vous n'avez pas un moment à perdre pour détruire, si vous le pouvez, ces barrières intérieures capables elles seules d'amener la famine ; je ne doute pas que vous ne donniez tous les soins possibles pour y parvenir. Vous m'avez permis de vous écrire particulièrement pour vous avertir de ce qui viendrait à ma connaissance, et j'use avec empressement de cette permission.

[LXXII]

Réponse de M. de Cypierre, du 15 octobre 1768.

M. — En arrivant de Chartres où je m'étais rendu pour l'assiette de la taille, j'ai trouvé la lettre que vous m'avez fait l'honneur de m'écrire le 13 du présent mois, par laquelle vous avez la bonté de m'informer de ce que vous avez appris s'être passé à Romorantin à l'occasion de l'enlèvement des blés. J'ai su, M., cet événement par les marchands de blé eux-mêmes et par M. de Bury, lieutenant général de police à Romorantin, qui m'a marqué avoir rendu compte à M. le Contrôleur Général de la crise dans laquelle il s'est trouvé ; j'ai moi-même rapporté le fait succinctement dans ma lettre à M. le Contrôleur Général du 9 du présent mois, en lui observant que la même sensation avait eu lieu à Gien et à Montargis. Au surplus, M., j'ignore absolument quels sont les moyens que je pourrais employer pour prévenir ces obstacles à la liberté du commerce des grains, l'exécution de la loi qui accorde cette liberté ne m'étant pas confiée, et n'ayant conséquemment ni ne désirant même avoir aucune autorité dans cette partie. Je n'ai que la voie d'invitation, et j'en profite lorsque les occasions se présentent. Les marchands qui ont éprouvé des difficultés à Romorantin sont venus me trouver pour savoir s'ils n'avaient rien à risquer en continuant leur commerce ; je les ai bien assurés qu'ils avaient toute liberté pour le suivre, qu'ils seraient protégés par le gouvernement et par les juges ordinaires, et que l'édit devait avoir sa pleine et entière exécution. Je n'ai et ne peux avoir que cette voie pour entrer dans vos vues, et je me borne au surplus à vous déférer successivement, M., ainsi qu'à M. le Contrôleur Général, ce qui vient à ma connaissance, et je m'en rapporte avec la plus grande confiance à vos lumières supérieures pour les ordres à donner en conséquence.

Le marché d'aujourd'hui a été garni comme celui du samedi, 8 de ce mois ; le prix du beau blé s'est soutenu, et il y a eu une légère diminution sur le commun, ce qui a empêché l'augmentation de la taxe du pain. Je suis, etc...

[LXXIII]

Lettre de M. de Montigny, du 14 octobre 1768.

Je vois, M., par plusieurs lettres que vous avez écrit[es] à M. le

Contrôleur Général, que vous continuez de croire que les arrhements et les enlèvements de grains sont les seules causes de renchérissement qu'on éprouve aujourd'hui, et vous voudriez laisser
subsister la liberté du commerce des grains en défendant d'a-
cheter ailleurs qu'au marché et aux laboureurs de faire le commerce des grains. Je ne crois pas devoir entrer ici en discussion
avec vous sur une matière qui demanderait un long détail et plus
susceptible beaucoup d'un entretien particulier que d'un commerce de lettres. Je vous avoue que je ne puis voir après cela en
quoi consisterait cette liberté dont vous parlez ; car les plus
ardents ennemis de cette façon de penser n'ont jamais cru qu'on
dût pousser la gêne jusqu'à empêcher que ceux qui ont besoin de
blé n'en aillent acheter dans les marchés, et cette liberté serait
réduite à bien peu de chose. Je vous avoue, M., que c'est avec une
véritable peine que je vois que nous sommes si éloignés de façon
de penser, et c'est pour cela que je désire avec la plus grande vivacité de pouvoir m'en entretenir à tête reposée et avec toute la
confiance que vous me connaissez pour vous.

Vous n'avez pas pensé, M., que l'étendue même qu'on suppose
aux spéculations dont vous parlez est une raison très forte pour
douter de leur existence. Vous rapportez des preuves qu'on a acheté
dans les granges et que quelques personnes même ont fait des
marchés avantageux. Mais, M., je n'ai jamais douté de ces faits, et
pour peu que vous veuilliez faire attention à la marche du commerce. vous verrez que cela est impossible autrement. Il y a toutes
les années deux ou trois mois, où il est de la connaissance de tous
ceux qui connaissent la campagne que les laboureurs ne peuvent
pas porter au marché ; tout le monde sait cela, et c'est ordinairement le temps où ceux qui ont quelques greniers de blés vieux, ou
de leur propre récolte ou qu'ils ont achetés, garnissent les marchés et subviennent à la subsistance des peuples. Mais une infinité
de circonstances font (*sic*) évanouir cette ressource et aggrave (*sic*)
la circonstance du vide des marchés. L'année dernière, par
exemple, le grain s'étant soutenu à un prix très avantageux pendant toute l'année, tout le monde a mieux aimé vendre que res-
serrer : il en est résulté qu'il n'y a plus de ressource de blés vieux.
Les pluies et d'autres malheurs de saison ont rendu la récolte si
difficile qu'il a fallu y employer plus de temps et de chevaux. Les
laboureurs, que vous ne croyez pas assez insensés pour refuser le
grain quand il se présente, ont cessé de porter au marché, malgré le haut prix qu'ils pouvaient en espérer. Fallait-il donc, M.,

que, dans ce moment, les moulins demeurassent en chômage, faute de blé ? Fallait-il que les boulangers cessassent de faire du pain pour ne pas aller acheter au laboureur ce qu'il ne pouvait pas leur porter ? Vous prétendez, M., que les marchés ne se trouvent pas garnis, parce qu'on achète dans les granges, et je ne puis m'empê- cher de croire qu'on a acheté dans les granges parce qu'on ne trou- vait pas dans les marchés une denrée qu'il était impossible aux laboureurs d'y porter pendant les semences, encore plus impor- tantes pour eux et le peuple que la garniture des marchés, qui n'est souvent qu'une vaine montre. La vraie cause du renchérisse- ment est, à ce que je crois, la consommation de la récolte de l'année dernière, et que celle de cette année n'est pas encore battue.

Vous parlez, M., du cri du peuple ; mais ne savez-vous pas, M., que le cri du peuple, lorsqu'il a pour but un fait circonstancié et unique, peut conduire à la vérité ? Mais êtes-vous fait, avec les lu- mières que vous avez, pour prendre pour constant les vaines cla- meurs d'une populace aveugle sur un objet qui le touche d'aussi près ? Mais n'avez-vous jamais entendu les cris du peuple contre de prétendus sorciers qui causaient des grêles, des pluies et d'autres malheurs (1) ? On vous prouvera sans doute que des meuniers, des boulangers et des négociants même, quoique je le crois plus rare pour cette dernière espèce de personnes, ont été dans les fermes acheter des blés dont ils ont besoin, et sans cela peut-être auriez- vous éprouvé la famine ? Ce qu'il faudrait prouver, c'est qu'il y a

(1) Ce préjugé populaire avait de lointaines origines, et trouva écho jusque dans la jurisprudence en matière de grains. Herbert rapporte un capitulaire de Charlemagne où il est dit en propres termes que des démons avaient pro- voqué la disette (*vacuas annonas a dæmonibus devoratas*). « Il ne faut pas s'étonner, ajoute-t-il, que cette opinion ait eu cours du temps de Charle- magne Chaque siècle a ses préjugés, ses travers. Un des plus judicieux écri- vains de l'antiquité (il s'agit de Plutarque) raconte que les démons causent souvent la famine pour faire périr les humains. D'autres ont cru que Dar- danus, fameux magicien, disposait à son gré des moissons, et pouvait par son art amener la stérilité ou l'abondance... Quand l'idée des démons et des magiciens s'est évanouie, l'on a cru trouver des causes de disette plus vrai- semblables dans les manœuvres des usuriers, des avares, des monopoleurs, autres espèces de monstres pour qui les jurisconsultes ont conçu tant d'in- dignation qu'ils ont inventé de nouveaux noms pour accabler d'injures les marchands de grains, sans alléguer aucun fait, sans rapporter aucune preuve et sans songer à mettre à profit la cupidité des hommes, toujours avanta- geuse au public, quand des lois savent la gouverner. » *Essai sur la Police générale des grains*, pp. 9-13 de l'édition citée.

des gens assez mal intentionnés et assez puissants pour acheter en même temps toutes les récoltes d'une grande province, et qu'ils ont risqué de perdre plusieurs millions pour se procurer le hasard très incertain de gagner quelque chose sur des amas de grains qui seraient entre leurs mains. Un fait de cette nature mériterait d'autant plus d'être approfondi qu'il serait plus étonnant et plus extraordinaire. Ne croyez pas, M., d'après ce que je vous mande ici, que je sois insensible aux maux de ceux qui souffrent ; je donnerais au contraire ma vie pour les soulager ; mais il faut voir de sang-froid les moyens pour y pourvoir, et je crains que les barrières, les obstacles de détail n'y soient un grand empêchement.

Vous parlez, M., de la compagnie de Malisset. Mais M. de L'Averdy ne vous a pas écrit pour savoir si elle faisait des achats ; car je puis répondre très affirmativement qu'elle n'en a pas fait depuis le mois d'octobre 1767 ; et comme son but était, sous les yeux du gouvernement, de conserver un approvisionnement pour Paris, elle n'a jamais rien fait qui puisse donner lieu au soupçon. On a cru devoir ne pas donner suite à cet arrangement, parce qu'on n'a pas voulu que le commerce se fît par une Compagnie protégée par le gouvernement ; mais il n'y a aucune apparence qu'elle ait cherché à faire augmenter le prix des grains, . . ses opérations sur cela ne pourraient être que des mois de septembre et d'octobre de l'année dernière. Je doute même fort qu'il y ait d'autres compagnies qui fassent ce commerce ; mais si cela est, il faut le savoir et quel peut être leur but. Vous sentez au surplus, M., que tout ce que je vous dis ici ne doit être regardé que comme des réflexions auxquelles je vous prie de donner votre attention. Il se peut que je me trompe, et je puis vous assurer que, sur une matière de cette importance, je n'ai ni ne peux avoir aucune présomption. Il faut faire de son mieux, chacun de son côté, consulter et entendre tout le monde, et faire de son mieux pour ne pas révolter les esprits et pour ne pas se conduire uniquement par les préjugés populaires. Je reviens à la Compagnie de Malisset. Je suis sûr, M., que, si vous en connaissiez les membres, vous seriez fâché d'avoir conçu des conjectures aussi injurieuses à leur honneur. Un des principaux, qui s'y était livré par zèle, est très connu de vous et ne mérite sûrement pas qu'on puisse avoir de telles idées sur son compte (1). Au surplus, elles tombent toutes,

(1) Il s'agit de Le Ray de Chaumont, comme le prouve la pièce suivante (LXXIV).

puisque tous les amas de grains faits par cette Compagnie ont été pris par le Roi et pour son compte, en exécution de son marché, il y a près de quinze mois, et que, depuis ce temps, elle n'a été occupée qu'à la conservation et à la mouture des blés du Roi. Je n'ai point encore pu causer avec M. le Contrôleur Général de l'objet de votre correspondance ; je sais qu'il doit vous faire incessamment réponse ; mais je désirerais fort que nous pussions en causer ensemble, afin de rassembler au moins nos idées, et que nous puissions nous entendre.

[LXXIV]

Réponse de M. de Cypierre, du 16 octobre 1768.

M. — Les détails dans lesquels vous avez la bonté d'entrer par votre lettre du 14 et la confiance que vous m'y témoignez me pénètrent de sensibilité. J'ai la même impatience d'être à portée de m'entretenir avec vous sur l'objet des grains ; je n'abonde pas dans mon opinion ; j'irai m'instruire auprès de vous ; je sens que les lumières supérieures qui président à l'administration générale et qui voient l'ensemble doivent mieux [voir] que ceux du second ordre qui, bornés dans un département particulier, ne peuvent deviner les grands ressorts et les ressources. J'ai le plus grand désir de penser comme vous ; vous êtes animé du bien, vous avez plus d'expérience, vos lumières doivent me diriger ; aussi, je ne cherche qu'à être convaincu, et je conviendrai que, si les marchés peuvent être garnis et les subsistances assurées par la liberté du commerce des grains, cette loi doit subsister sans y apporter des précautions ni des modifications qui alors seraient inutiles et en arrêteraient l'effet. Mais les circonstances actuelles ne paraissent pas favorables à cette liberté indéfinie et illimitée, et je me contente de vous déférer les faits et les détails dont j'ai successivement connaissance pour vous mettre à portée de balancer les avantages et les inconvénients, toujours dans la vue du bien général et sans la plus légè[re] prévention pour mon opinion. Mais, puisque vous me permettez des réflexions, je vois que le peuple a connaissance des arrhements et s'en plaint, que le pain est plus cher qu'il ne devrait l'être au moment d'une récolte, que les officiers de police prennent des précautions et vont même peut-être trop loin dans les ordres qu'ils donnent, notamment à Chartres et à Gien ; que les circonstances les forcent à ces précautions et à ces ordres subits et non prévus, que le murmure des peuples exige sur-le-champ ; je vois que partout où les débouchés ont été faciles, partout le pain est cher ; que la communication étant impraticable dans l'élection de Clamecy, c'est le seul arrondissement où le pain n'excède pas deux sols.

Ces détails me conduisent à penser, du moins à présumer que cette liberté est peut-être susceptible de précautions qui en assurent l'effet sans y porter atteinte, et je vous défère mes réflexions avec confiance et empressement, parce que je ne dois agir et me conduire que d'après l'intention du Conseil et les lumières de mes supérieurs. Ainsi, M., j'ai le plus grand désir, je le répète, d'être convaincu par vous, et je vous supplie d'avoir la bonté de prévenir M. le Contrôleur Général que, mes départements et les opérations qui en sont la suite étant prêts à finir, je me propose de me rendre à Paris vers la Saint-Martin pour avoir l'honneur de vous voir et de conférer avec vous sur cet objet important. J'attendrai l'honneur de votre réponse avant de me rendre à Paris, afin d'être autorisé dans ma marche et d'être instruit de la vôtre.

En attendant, M., je ne pourrai que vous répéter que le peuple souffre et se plaint. Vous me rappelez le cri du peuple contre les prétendus sorciers dont on parlait autrefois ; mais il tenait du préjugé, et le cri actuel tient du besoin. Grande est la différence ; on revient des préjugés, dont la plupart sont indifférents ; mais le besoin exige des secours, et voilà notre position. Si vous pouvez, M., nous faire passer encore quelques quintaux de riz, vous rendrez le plus grand service à la province, et j'ose vous en prier avec insistance.

A l'égard de la Compagnie Malisset, je suis bien éloigné d'avoir pris des impressions défavorables contre elle, ni de m'être livré à des conjectures injurieuses à l'égard de ses associés. Je vous supplie de vous faire représenter ma lettre. J'ai dit que ses commissionnaires avaient peut-être outrepassé leur mission, qu'ils avaient du moins enhardi les spéculations d'autres marchands. Mes réflexions n'ont pas été plus loin et ne peuvent les blesser. J'ai toujours présumé leurs intentions droites, et je le répète avec d'autant plus de plaisir que l'un des principaux qui s'y était livré par zèle et dont vous me faites l'honneur de me parler est mon ami et très connu de moi par le bien qu'il fait dans sa terre de Chaumont, située dans mon département, où il fait travailler les malheureux et leur répand des secours efficaces et abondants. J'ai même cru devoir vous faire son éloge dans une lettre que j'ai eu l'honneur de vous écrire l'été dernier, à l'occasion du renchérissement subit du blé à Blois, au moment d'une grêle que ce canton éprouva, et je vous rendis compte alors des heureux effets de son zèle et de son désintéressement, puisque, par les ordres qu'il donna à son correspondant, il fit sur-le-champ garnir les marchés et baisser le prix du blé. Je pense si bien de lui que l'éloge que je fais de son zèle n'est qu'un suffrage de plus en sa faveur. Ainsi, M., je vous supplie de n'inférer dans mes lettres qu'une confiance entière de ma part en vos lumières, qui me porte à vous rendre compte des faits qui viennent à ma connaissance. Si je hasarde quelques réflexions, elles naissent des détails mêmes ; mais je n'y apporte ni chaleur ni présomption ; je suis bien éloigné de juger personne ; je m'abstiens de prévention et de partialité dans une matière d'où dépend l'aisance et le bonheur des peuples. Je serai ravi et bien plus à mon aise si je peux me trouver de votre avis ; je suis sûr qu'il doit être le meilleur puisqu'il est le vôtre, et je vous assure que j'aurai la confiance des nouveaux convertis. En attendant, M., ma conduite est la même et telle que vous pouvez le désirer. J'affiche l'avantage de la liberté indéfinie ; je blâme tous les ordres qui peuvent la contrarier ; enfin j'ai la satisfaction de voir que la ville de ma résidence est la plus tranquille de mon département, et j'ose me flatter d'y avoir un peu contribué. Je suis, etc.

[LXXV]

Lettre à M. de Montigny, du 18 octobre 1768.

M. — J'ai eu l'honneur de vous promettre de vous informer de tous les détails qui me parviendraient successivement concernant l'exécution de l'édit de juillet 1764 et la subsistance des peuples. J'ai à cet effet rassemblé les réponses que j'ai déjà reçues des officiers de police à la lettre que je leur ai écrite le 24 septembre dernier, d'après celle de M. de Saint-Florentin, et dont j'ai eu l'attention de vous envoyer la copie. Je crois devoir également vous adresser des copies de ces réponses et des réquisitoires et des ordonnances que ces officiers ont faits et rendus depuis quelque temps sur cette matière importante, et, pour ménager vos moments, de vous tracer sommairement l'extrait qu'il sera aisé de vérifier sur les pièces.

J'observerai d'abord que, longtemps avant ma lettre, les officiers de police ont pris des précautions et rendu des ordonnances pour garnir les marchés et assurer la subsistance des peuples, et vous jugerez par le résumé ci-après que leurs ordres ont été bien plus [loin] que l'édit de 1764 ne le permet, que la plupart ont été au-delà de leur pouvoir et de leur mission, que cette diversité de conduite de la part des officiers chargés de l'exécution d'une même loi peut produire les plus funestes effets, et qu'il y faut un remède quelconque qui rétablisse l'uniformité des principes et des ordres qui en doivent résulter, pour remplir à la fois les intentions du Roi, prévenir le monopole, contenir le peuple et assurer sa subsistance.

A Blois, du 4 octobre, le procureur de police du Roi m'écrit que les officiers ont toujours tenu la main à l'exécution des règlements qui défendent aux marchands de blé d'acheter des grains dans les marchés avant que le peuple soit fourni, mais que l'objet le plus pressant est de faire tomber le prix des grains ; et voici ses termes : « Je ne crois pas qu'il en soit exporté hors du royaume ; une loi publique qui le défendrait satisferait le peuple. Le peuple serait encore plus satisfait si, pour l'avenir, la prohibition d'exporter hors le royaume cessait à un tiers au-dessous de la loi actuelle ».

A Chartres, du 2 octobre, le lieutenant-général de police me répond que, dès le mois de juillet, avant l'augmentation des grains nécessaires aux peuples, il y aurait pourvu en lui donnant dans les marchés la préférence sur les marchands, et qu'il s'était appliqué à arrêter les monopoles qui se commettaient dans les marchés en obligeant les particuliers qui achètent des blés d'en faire leurs déclarations aux commissaires et de les garder trois mois. Il ajoute qu'un particulier qui y avait contrevenu a été puni de prison et son blé confisqué au profit des pauvres. Le réquisitoire du procureur du Roi, sur lequel l'ordonnance des juges de police de Chartres a été rendue le 2 septembre, contient des détails bien plus étonnants. Il propose d'arrêter des abus et des monopoles qui se commettent dans le commerce des grains, abus et monopoles qui se multiplient de jour en jour à proportion que les grains augmentent de prix. Il ajoute que ces abus et monopoles sont de deux genres : l'un, en ce que les particuliers se mêlant de (sic) trafic des blés, achètent et revendent contre la disposition des règlements, le même jour et dans le même marché ; d'où il résulte une augmentation certaine dans le prix et pour l'habitant et pour

le boulanger ; l'autre abus consiste en ce que ces mêmes particuliers, au mépris des mêmes règlements, vont en acheter et
arrher chez les laboureurs. Sur le réquisitoire, les juges ordonnent,
le 2 septembre, l'exécution des règlements généraux de police,
défendent à toutes personnes et aux laboureurs d'acheter et de
vendre des blés sur échantillon, ordonnent aux uns et aux autres
de les faire conduire à la halle, défendent d'aller au-devant des
grains sur les chemins et avenues de la ville, de les arrher en
quelque temps que ce soit, de les acheter dans les granges et greniers de campagne, défendent à toutes personnes se mêlant du
trafic des grains de les vendre que trois mois après qu'ils les auront achetés, avec injonction de faire leur déclaration aux commissaires de la quantité des grains qu'ils auront, ordonnent la
préférence aux habitants sur les boulangers, à ceux-ci sur les
marchands, et 300 l. d'amende contre chaque contrevenant aux
dispositions de la sentence qui a été publiée aux jours de marchés.

A Pithiviers, dès le 28 juin, le procureur fiscal du bailliage
a représenté que plusieurs marchands et autres faisant le commerce des grains allaient dans les campagnes et y achetaient les
blés *tant secs que verts* et occasionnaient une si grande cherté aux
grains que les habitants et boulangers n'en trouvaient plus au
marché, et a requis, en conséquence, que l'ordonnance de 1577
fût exécutée, qu'il fût fait défense aux marchands de blés d'aller
au-devant des grains les arrher ou acheter, qu'il leur fût enjoint
de les amener au marché de la ville pour y être vendus, qu'il fût
fait défense à tous particuliers d'acheter des grains en vert et
avant la moisson, à peine d'amende et de punition corporelle, et
aux boulangers et marchands d'entrer dans le marché que deux
heures après le peuple et le bourgeois. Le juge de police, par son
ordonnance du 28 juin publiée à son de trompe, a fait droit sur
toutes les parties de ce réquisitoire et en a repris les dispositions.
Par une seconde ordonnance du 10 septembre, les mêmes juges
ont fait défense à tous les laboureurs et autres achetant des blés
de semence de les acheter qu'après les blés destinés à la fourniture du peuple, et qu'au préalable ils n'aient justifié de pareille
quantité de grains par eux amenée dans la ville pour y être vendus
au marché, à peine de confiscation.

A Gien, du 2 octobre, le lieutenant de police me marque qu'a-
vant de recevoir ma lettre du 24 septembre, il avait rendu une
ordonnance pour défendre à toutes personnes d'acheter ou de

vendre des grains ailleurs que dans les marchés, en réglant les heures destinées pour le peuple par préférence aux marchands. Il ajoute par sa réponse que cette ordonnance était absolument nécessaire pour calmer les alarmes du peuple qui avait juste sujet de craindre de périr de faim, étant instruit aussi bien que lui que des marchands étrangers avaient acheté tous les blés qui sont dans les greniers, même ceux qui sont dans les pailles.

A Châtillon-sur-Loire, du 12 octobre, le procureur fiscal m'écrit et m'envoie une ordonnance du siége rendue sur son réquisitoire du 8 du mois. Son réquisitoire porte qu'au préjudice de la déclaration de 1723, il se commet des abus sur le fait de la vente des grains qui amènent la disette et la cherté dans les marchés, en ce que quantité de particuliers, conduits par le seul appât du gain, contractent clandestinement des marchés de blés qu'ils enlèvent journellement dans les greniers; qu'il en est même qui les retiennent d'avance lorsqu'ils sont encore en vert et sur pied ; ce qui fait gémir le faible et l'opprimé ; que si, par la déclaration de 1763, le Roi semble avoir donné au commerce une certaine liberté qu'il n'avait pas ci-devant, son intention n'a sûrement pas été de dépouiller les officiers de police du droit qu'ils ont d'empêcher que les grains soient vendus ailleurs que dans les halles et marchés publics, conformément à la déclaration de 1723, précaution qui peut seule procurer l'abondance dans les marchés et, par conséquent, le juste prix des grains ; que si le Roi avait dispensé par la déclaration de 1723 les marchands de blés du serment devant les juges et de quelques autres formalités, ils n'étaient pas dispensés de faire leurs ventes et achats dans les lieux publics destinés pour eux, sans cela de quoi serviraient les halles et les marchés, etc. Il requiert, en conséquence, l'exécution de la déclaration de 1723, qu'il soit fait défense d'acheter ailleurs qu'au marché public, que tous marchés de blés faits ou à faire soient déclarés nuls, que défenses soient faites de les exécuter à peine de 1,000 livres d'amende, dont le tiers au dénonciateur. Le juge, sur ce réquisitoire, ordonne l'exécution de la déclaration de 1723 sans préjudicier à celle de 1763 (étrange disposition!), et règle les heures du marché pour le peuple et le marchand.

A Montargis, une sentence de police du 12 octobre contient des dispositions encore bien plus singulières, et cette sentence imprimée et publiée a été affichée dans toute la banlieue. Elle annonce dans le préambule une manœuvre intolérable de la part des boulangers et autres dans les marchés. Elle défend à tous marchands d'acheter des grains en vert et sur pied avant la récolte, d'arrêter ceux qui arrivent pour le marché, ni de les acheter ailleurs qu'au marché, comme aussi de vendre sur montre, avec injonction de tout faire conduire au marché. Cette sentence ordonne que tout blé mis en vente au marché et non vendu ne pourra être déposé ailleurs qu'au minage (1) pour être ensuite exposé en vente au marché suivant : à l'effet de quoi le fermier du minage est tenu d'avoir un registre. Elle fait défenses aux fermiers du minage, aux meuniers et autres préposés de faire le commerce des grains, sous telles peines qu'il appartiendra.

D'après ce résumé des principes et des dispositions des officiers de police, permettez-moi, M., deux réflexions ; la première, sur les abus et inconvénients que j'ai annoncés. Tous les officiers relèvent, chacun dans son ressort et sans s'être entendus, les mêmes abus que j'ai pris la liberté de vous déférer : les arrhements faits dans les granges, les blés achetés encore sur pied et avant d'être battus, la cupidité des marchands qui vont, les jours de marché, au-devant des voituriers pour dégarnir les marchés et soutenir le prix du blé par une disette apparente, les manœuvres qui se pratiquent entre eux pour augmenter le prix du blé et le vendant et revendant plusieurs fois dans le même marché. Tous répètent les abus que j'ai eu l'honneur de vous annoncer. Il n'est plus besoin ni de renseignements, ni de déclarations particulières ; les faits sont de notoriété constante et leur publicité constatée par une infinité d'ordonnances affichées dans chaque baillage. Il peut donc être, M., de la bonté et de la sagesse du Conseil de prendre des précautions pour arrêter la suite de ces abus.

Une seconde réflexion a pour objet l'étonnant contraste des différentes dispositions des sentences de ces juges de police, directement contraires à la loi actuelle. L'un l'a détruite en faisant revivre la déclaration de 1723 ; l'autre défend le commerce des blés à des fermiers, des meuniers et leurs préposés. Celui-ci annule tous les marchés faits dans les granges ; celui-là défend de vendre ailleurs qu'au marché. Tous sont extrêmes et vont beaucoup trop loin. Je crois, M., qu'il est important de vous faire connaître combien ces juges ont outrepassé les bornes de leur pouvoir et de leurs mis-

(1) Le minage est un droit perçu pour le mesurage des grains et fixé à tant la mine. Il semble, d'après ce passage, que le nom de minage se donnait par extension à la grange où les blés, destinés au mesurage, étaient déposés.

sions. Rien n'est plus préjudiciable que la diversité d'actes et d'opinions sur un objet où la loi et l'exécution de la loi doit (*sic*) être la même. Ces entraves sont révoltantes : elles détruisent l'effet de l'édit de 1764, gênent le commerce et peuvent entraîner mille suites fâcheuses dans une matière aussi importante que celle-ci ; elles doivent même produire la disette et détruire les ressources des marchés destinées pour l'approvisionnement du peuple, si elles étaient tolérées, parce que, la liberté devant être maintenue et conservée, on portera ailleurs les blés, et l'on ira vendre dans les lieux où l'on aura moins d'entraves à essuyer. Je regarde comme très-important de rappeler ces officiers aux vrais principes et de leur faire entendre qu'ils ont été au delà des bornes de leurs places et des vues du Conseil. Le schisme dans les opinions et dans les ordres sur l'objet des subsistances est le plus essentiel à réprimer.

Vous jugerez, M., que je ne suis point extrême dans mon sentiment. Je blâme et je m'élève fortement contre les principes et les ordres contenus dans les lettres, réquisitoires et ordonnances que je viens de vous déférer et dont la publicité ajoute au mal. La liberté du commerce me paraît essentielle à maintenir ; il est indispensable de rappeler promptement ces officiers à leurs devoirs ; rien n'est plus instant que de détruire ces entraves indiscrètes qu'ils apportent, et auxquelles la plupart disent que les circonstances les ont forcés. Toute entrave à la liberté, selon moi, est pernicieuse : je ne désirerais que des précautions. Mais comment rappeler aux vrais principes ces officiers que, chaque jour, les circonstances vont contrarier et animer davantage ? Il faut un remède, un réglement. une loi, des ordres quelconques ; mais que l'expédient soit connu, qui ne soit pas susceptible d'interprétation et qui assure l'unanimité des principes et des moyens confiés à ces officiers chargés de l'exécution de la loi, dont l'objet est et sera certainement d'assurer la subsistance des peuples. Je suis, etc.

[LXXVI]

Réponse de M. de Montigny, du 19 octobre 1768.

J'ai reçu votre lettre, M., et j'y vois avec plaisir l'expression d votre sensibilité pour les maux du peuple. Je la partage du fond de mon cœur et je ne puis vous dire combien l'honnêteté de ce sentiment m'attache encore à vous. Mais, M., en vous disant que je croyais que le peuple se trompait sur la cause de ses maux, je ne vous ai pas dit que je pensasse qu'il se trompe sur leur existence. Loin de moi cette pensée, et, dès qu'il se plaint, je le crois malheureux. Mais faut-il suivre dans les remèdes les impulsions que son mal et son empressement lui donnent? Je crois que ce serait aggraver encore le malheur des saisons et des circonstances. C'est sur cet objet particulièrement que je vois que nous différons de façon de penser, et sur lequel je désire fort de pouvoir m'entretenir avec vous, Je proposerai à M. le Contrôleur Général de vous autoriser à venir à Paris après la Saint-Martin, dès que vous croyez (*sic*) le pouvoir, et je m'y rendrai dans le même temps. Vous me trouverez dans les mêmes dispositions où vous m'assurez que vous êtes, de me rendre à vos raisons sans aucune prévention pour mon opinion. Mandez-moi la quantité de riz qui vous serait encore nécessaire, et je proposerai à M. le Contrôleur Général de vous la faire passer. J'ai l'honneur d'être, etc.

[LXXVII]

Réponse de M. de Montigny, du 21 octobre 1768, à une lettre du 15.

M. — J'ai reçu la lettre que vous m'avez fait l'honneur de m'écrire le 15 de ce mois, au sujet des difficultés que quelques marchands de grains ont éprouvées à Romorantin et dans quelques autres endroits. Je crois, M., que le secours que vous pouvez donner au commerce et à la circulation des grains est de porter les officiers de maréchaussée à prêter main-forte pour empêcher que le peuple n'arrête les grains qui vont à leur destination. Je suis, etc.

[LXXVIII]

Lettre de M. de Montigny, du 20 octobre 1768.

M. — Le Lieutenant Général de police de Romorantin informe M. le Contrôleur Général que la misère est extrême dans cette ville parmi le peuple. Cet officier pense que la liberté de la circulation des grains n'en peut que faire augmenter de plus en plus les prix, comme les murmures des pauvres qui ne peuvent s'en procurer ; et sa sollicitude pour eux le porte à demander à M. le

Contrôleur Général de leur faire distribuer du riz et de l'argent. Je vous prie, M., de prendre des éclaircissements sur ces objets, et de vouloir bien me marquer ce que vous pensez qu'il soit à propos de faire pour secourir les pauvres de Romorantin. Je suis, etc.

[LXXIX]

Lettre à M. le Contrôleur Général, du 24 octobre 1768.

M. — J'exécuterai avec la plus grande exactitude ce que vous me prescrivez par la lettre que vous m'avez fait l'honneur de m'écrire concernant la liberté du commerce des grains, et j'aurai le même zèle pour maintenir et assurer, autant qu'il est en moi, l'exécution de la loi qui l'autorise, et l'égard des contradictions et des obstacles qu'éprouve cette loi de la part de plusieurs officiers de police qui en arrêtent l'effet, j'ai eu l'honneur de les déférer à M. de Montigny et de le prier de vous en faire part. Je suis, etc.

[LXXX]

Lettre à M. de Montigny, du 24 octobre 1768.

M. — Je me conformerai exactement à la lettre de M. le Contrôleur Général et à vos intentions concernant la liberté du commerce des grains. Si je me suis permis quelques réflexions, elles étaient l'effet de mon zèle et n'ont été que pour vous. J'apporterai le même zèle à exécuter ce qui m'est prescrit à l'égard des abus qui surviennent et sont des obstacles à l'exécution de fla loi concernant la liberté. J'ai eu l'honneur de vous en faire le détail et de vous les déférer par ma dernière lettre. Vous y verrez, M., combien les officiers de police excèdent leur mission, et les obstacles qu'ils apportent à la liberté. M. le Contrôleur Général me chargeant de lui en rendre compte, je vous supplie d'avoir la bonté d'en conférer avec lui et de lui en faire part; car je ne pourrais que me répéter sur cet objet. J'espère que vous lui rendrez un témoignage satisfaisant de ma conduite, puisque j'ai été le premier à vous prévenir des obstacles que les officiers de police apportaient à l'exécution de la loi qui ordonne la liberté indéfinie, quoique, dans mon opinion particulière, j'eusse présumé que cette loi pût être susceptible de quelques modifications sur lesquelles je n'insisterai plus, d'après la décision de M. le Contrôleur Général.

Vous m'avez fait l'honneur de m'écrire sur les secours que solli-

citait auprès de M. le Contrôleur Général le lieutenant de police de
Romorantin en faveur des habitants de sa ville ; je suis d'autant
plus en état de vous rendre compte de la légitimité de sa demande
que j'étais avant-hier à Romorantin. La misère, en effet, y est
extrême. Les habitants y sont naturellement portés au travail, et
l'industrie y a toujours été très active. Mais la cherté du pain, la
surcharge des impositions ont ralenti toutes les manufactures ; les
entrepreneurs ont cessé de faire travailler les ouvriers, et plus
de 2,000 sont presque aujourd'hui dans l'inaction. J'en ai été
tellement touché que j'y avais déjà fait passer quelques sacs de
riz, que vous avez eu la bonté de m'envoyer le mois dernier, et je
me propose de faire participer les habitants de cette ville aux nouveaux secours que j'ai eu l'honneur de vous demander pour les
pauvres chefs de famille de la généralité. Vous ne pouvez trop,
M., les multiplier ; ils seront distribués avec exactitude et écono-
mie. M. l'Évêque veut bien s'en charger à Chartres ; les dames de
charité s'offrent, à Romorantin et dans les principales villes du
département, de le faire préparer, de le faire cuire et de le distribuer dans l'hiver aux pauvres de leurs paroisses. On désirerait
aussi un peu d'argent pour aider aux frais de la préparation et de
la cuisson ; car les dames de charité ont une méthode pour préparer le riz, qui tourne à l'avantage et au profit des pauvres, en y
mêlant un peu de pain et du lait pour en augmenter la ressource
et la distribution. J'ose vous supplier, M., de nous accorder des
soulagements efficaces. Cette année sera bien difficile à passer
pour les habitants des villes et de la partie du vignoble (1). La ville
de Romorantin participera aux secours que votre bienfaisance
nous procurera et que les circonstances exigent très-abondants.
Je suis, etc.

[LXXXI]

Réponse à M. de Montigny, du 25 octobre 1768,
à sa lettre du 23 (2).

M. — J'ai reçu la réponse dont vous m'avez honoré, le 23, à la

---

(1) « La partie du vignoble » est, comme son nom l'indique, la partie de la
généralité où la principale culture est celle de la vigne. Le Vignoble se dis-
tinguait de la Beauce, de la Sologne, du Val de Loire ; la distinction est encore usuelle de nos jours dans l'Orléanais.

(2) Le texte porte : 23. Mais la lettre à laquelle il est fait allusion est datée
du 24. Voir la pièce précédente.

lettre que j'ai cru devoir vous écrire le 15 de ce mois pour vous déférer les entraves qu'éprouve la loi concernant la liberté du commerce des grains de la part des officiers de police de plusieurs villes de mon département, qui en arrêtent l'exécution par des ordres, réquisitions et ordonnances directement contraires à cette loi. J'ai eu l'honneur de vous en faire un détail tres-circonstancié et de vous envoyer copie de ces ordonnances. Comme elles ont été publiées et affichées, les marchands de grains éprouveront sûrement des difficultés dans leur commerce. Vous présumez, M., que la liberté leur sera rendue lorsque j'aurai engagé les officiers de la maréchaussée à prêter main-forte pour empêcher que le peuple n'arrête les grains qui vont à leur destination. J'écrirai volontiers une lettre à cet effet aux commandants de brigade ; mais j'ai lieu de craindre que cette précaution soit insuffisante. Comment ces officiers oseront-ils prendre sur eux de soutenir les marchands, quand les officiers de police ont, dans plusieurs endroits, rendu des ordonnances qui annulent les achats faits dans les granges et hors le marché, lorsque ces ordonnances obligent de venir acheter les grains au marché et défendent de le vendre ailleurs ? Les maréchaussées obligées de prêter main-forte ne peuvent contrarier l'exécution des jugements des juges ordinaires, et je crains que ce ne soit matière à des événements fâcheux, et peut-être à des émotions populaires bien essentielles à prévenir dans les circonstances actuelles ; d'autant plus que j'ai remarqué que le peuple avait fort [mal] accueilli les ordres de ces officiers de police, que j'ai eu l'honneur de vous déférer comme contraires à la liberté du commerce des grains et qui nuiront même infailliblement à la subsistance et à l'approvisionnement de ces villes, si ces ordonnances ont leur exécution et ne sont pas pas détruites. En matière de subsistance, il faut que la loi soit partout générale et exécutée de même. On portera dans les marchés où il y aura moins d'entraves ; on resserrera les greniers, puisqu'il ne sera plus permis d'en vendre les grains ailleurs qu'au marché, et la conduite de ces officiers de police étant directement opposée à la loi, je présume, M., que vous ne laisserez pas subsister ces ordonnances et que le ministère de la maréchaussée devient inutile, tant que ces ordonnances auront leur exécution. Dans ces circonstances, M., j'attendrai des ordres ultérieurs avant d'écrire aux commandants des brigades, et je me conformerai d'ailleurs exactement à tout ce que vous voudrez bien me prescrire à cet égard. Je suis, etc.

[LXXXII]

Lettre de M. de Montigny, du 25 octobre 1768.

M. — Comme ce n'est point mon avis particulier qui doit régler ce qu'il y a à faire dans la circonstance présente, je puis plus volontiers le hasarder. Je ne connais qu'un remède qui puisse s'opposer avec succès au monopole : c'est la libre et entière concurrence. Je ne connais, au contraire, aucune précaution, aucun règlement qui ne le fasse naître et ne le protège. Il résulte cependant de ce que vous me mandez qu'il est absurde d'accuser la liberté de produire la cherté ; car cette liberté ne peut exister avec la foule de règlements de toutes sortes et de toutes les manières imaginées par les juges de police. Ils n'ont pu déraciner le monopole ni empêcher la cherté ; mais il est difficile d'arrêter ces juges de police, lorsqu'ils se croient surtout soutenus par le Parlement. S'ensuit-il de là qu'il faille une loi pour autoriser ce qui, au vu et au su de tout le monde, n'a point fait de bien et ce qui, au jugement de tous ceux qui ont le plus approfondi la matière, peut faire beaucoup de mal ? Je ne le pense pas. Quant à contenir les officiers de police, je ne connais de moyen efficace de le faire que de leur faire lire les lois qui sont rendues ; s'ils ne veulent pas les exécuter, ils font le mal. Je conviens que le remède est difficile à trouver, mais je ne le crois pas dans un règlement. C'est, au surplus, ce qui fait l'objet des délibérations du Conseil du Roi. J'ai mon opinion, mais elle m'est particulière. Pour régler ma conduite, je ne connais que les lois et les décisions du Conseil. Je suis, etc.

[LXXXIII]

Réponse à M. de Montigny, du 27 septembre 1768.

M. — Par la réponse dont vous m'avez honoré le 25 de ce mois, je vois que vous êtes aussi pénétré que moi des entraves que les officiers de police apportent à la liberté du commerce des grains par la foule des règlements de toutes les sortes et de toutes les manières qu'ils ont imaginés et que j'ai eu l'honneur de vous déférer, en vous suppliant d'y apporter du remède pour établir

dans le département une uniformité de principes dans l'exécution
de la loi qui l'autorise. Vous présumez ce remède difficile, et vous
avez la bonté de m'instruire que cette matière fait actuellement
l'objet des délibérations du Conseil du Roi. Aussi, après vous
avoir déféré les entreprises et les atteintes faites à la loi qui existe
de la part des officiers de police, il ne me reste plus qu'à attendre
les ordres du Roi et la décision du Conseil. Je finirai seulement par
observer qu'il est impossible de laisser subsister des contradictions
aussi dangereuses et aussi sensibles à l'exécution d'une loi de la
part des juges ordinaires, spécialement chargés de l'assurer et de
la maintenir. Je suis, etc.

[LXXXIV]

Réponse de M. de Montigny, du 30 octobre 1768.

Je présume, M., par votre lettre du 25 de ce mois, que je me
suis mal expliqué vis-à-vis de vous par ma dernière lettre. Je
conçois le mal que peuvent faire les ordonnances de police particulières rendues dans l'intention de faire garnir les marchés, mais
qui, dans le fait, les empêchent d'être garnis. Mais c'est un mal
auquel il est difficile de porter remède dans le moment présent et
qu'il vaut peut-être mieux tolérer et paraître ignorer que de révolter les esprits par une conduite toute opposée, à laquelle on pourrait éprouver des obstacles sans nombre et qui pourraient faire
beaucoup de mal. Il suffit que ceux qui sont chargés de l'administration n'autorisent pas cette conduite en ayant l'air de l'approuver
et en se conduisant de même. Mais, outre ces ordonnances, il est
encore bien des obstacles de détail et des oppositions de la part de
la populace au transport des grains, souvent achetés dans d'autres
provinces. Ce sont ces attroupements, qui ne peuvent être fondés
sur aucuns règlements, que la maréchaussée peut et doit dissiper ;
sans cela, il n'est pas sûr que la disette ne se fasse pas sentir dans
un lieu proche de celui où sera l'abondance. Je ne doute pas que
vous ne donniez toute votre attention à faire dissiper tous ces
mouvements populaires. Cependant vous savez qu'il a été arrêté à
Romorantin des grains destinés à Orléans, et, en dernier lieu, des
femmes ont arrêté un voiturier qui venait pour porter ici des grains
qu'il avait tirés de l'Auvergne. C'est cette liberté de circulation qui

demande de votre part la plus grande fermeté. M. le Contrôleur Général a écrit en dernier lieu à votre subdélégué de Montargis pour protéger ce passage. C'est dans ces occasions que la maré· chaussée doit agir ; c'est le cas où les troupes mêmes ne doivent pas refuser le service, et, si vous avez besoin d'y être autorisé, vous le serez sûrement. Si vous connaissez quelques séditieux plus coupables que les autres et qui se soient fait remarquer dans ces émeutes, ayez la bonté de me mander leur nom et leur demeure, et je demanderai à M. de Saint-Florentin des ordres pour les faire enlever chez eux et les faire mettre en prison (1). Un exemple ou deux de cette nature calmeront tout cet emportement déraisonnable, et la liberté des transports établira l'abondance. Vous connaissez, etc.

[LXXXV]

Réponse à M. de Montigny, du 2 novembre 1768.

M. — Je réponds à la lettre que vous m'avez fait l'honneur de m'écrire le 30 du mois dernier. Je sens comme vous combien il est important que ceux qui sont chargés de l'administration dans les provinces n'aient pas l'air d'autoriser la conduite des officiers de police qui excèdent leur pouvoir et attaquent directement la liberté du commerce des grains. De tous les abus, c'est celui qui a et peut avoir les suites les plus fâcheuses. Je m'élève fortement contre leurs principes et les dispositions de leurs ordonnances. A Orléans, ils ne font rien de contraire aux vues du Conseil ni à la loi ; le peuple y est plus tranquille que partout ailleurs, et, autant qu'on peut répondre de l'avenir, je crois pouvoir me flatter que tout y restera tranquille, d'après l'attention que j'ai eu de rassurer les esprits. A Romorantin, lors du voyage que j'y ai fait pour l'assiette de la taille, j'ai blâmé tout haut ce qui s'était passé vis-à-vis quelques marchands dont les blés avaient été saisis. Le lieutenant de police les avait fait vendre au marché et, par sa sentence, en avait ordonné la saisie au profit des pauvres. Le marchand s'étant adressé à moi pour avoir le prix de ses blés, j'avais obtenu du

---

(1) Le texte porte : « Si vous connaissez quelque séditieux, plus coupable que les autres et qui se soit fait remarquer dans ces émeutes, ayez la bonté de me mander son nom et sa demeure, et je demanderai à M. de Saint-Florentin des ordres pour les faire enlever chez eux et les faire mettre en prison. »

lieutenant de police qu'il ferait cette restitution, et il me l'avait
formellement promis. Cependant, à mon retour, cet officier me
marque, par la lettre dont la copie est ci-jointe, que son ordonnance, connue du peuple et rendue sur réquisitoire du procureur
du Roi, ne peut être détruite que par une nouvelle rendue sur un
nouveau réquisitoire, en sorte que l'effet de mon zèle se trouve
arrêté par des obstacles qu'il n'est pas en moi de vaincre. Ces obstacles renaîtront à chaque instant, d'après la conduite et les principes outrés de ces officiers de police.

A Montargis, ce sont les ordonnances de ces officiers dont le
peuple s'est prévalu pour se porter à l'émeute dont vous avez eu
connaissance, ainsi que vous le verrez par la lettre ci-jointe ; et,
tant que ces ordonnances subsisteront, notre zèle devient sans
effet. Indépendamment de la cherté du pain, le peuple se croit
autorisé par les ordonnances, et le ministère de la maréchaussée n'y
pourra suffire. Vous en avez la preuve encore à Montargis. Elle (1)
a escorté les blés à la sortie de cette ville, et tous sont passés sans
la moindre émotion d'abord ; mais lorsque les voitures ont été éloignées, d'autres villages se sont attroupés, et l'émeute s'est
renouvelée. On a arrêté six personnes qui paraissaient les plus vives,
et je souhaite ardemment qu'on en puisse faire un exemple qui con-
tienne et en impose à l'avenir. Mais comment s'en flatter, tant que
le peuple s'y croira autorisé par les ordonnances des juges et
lorsqu'il alléguera que, ces blés n'ayant pas été achetés au marché,
ainsi que l'exigent les officiers de police, il s'est cru en droit, pour
l'exécution même des ordonnances de police, d'arrêter ces blés et
de les rétablir au marché pour y être vendus, conformément à
l'ordre établi par ces juges ? Et ce que je prévois est d'autant plus
à craindre que, dans l'affaire particulière de Montargis, sur la
première résistance du peuple, il s'est tenu un siège extraordinaire
de police le 24, lors duquel il a été ordonné, sur les conclusions du
ministère public, que le blé serait porté au minage pour y être
vendu au prochain marché. Le peuple ainsi soutenu se portera
chaque jour à de nouveaux excès qu'il sera peut-être difficile d'arrêter, si le Conseil ne prend un parti pour arrêter l'exécution de
ces ordonnances. Dans ma position, je ne peux que tenir un langage conforme aux intentions du Conseil et animer le zèle des
officiers de maréchaussée. J'ai, pour cet effet, vu et encouragé le
prévôt général, qui doit écrire à ses officiers de veiller de plus

(1) C'est-à-dire la maréchaussée.

près au maintien du bon ordre et de la tranquillité en prêtant main-forte à tous les marchands et autres qui feraient des achats et des transports de blés. Si vous pensez que mes précautions doivent aller plus loin, je vous prie de me donner vos conseils. Je m'y porterai avec autant de zèle que d'empressement ; car, je n'ai jamais eu rien tant à cœur que de voir rétablir la tranquillité et l'abondance.

Vous avez eu la bonté de me promettre un secours de riz ; je vous supplie de ne pas l'oublier ; nous en avons le plus grand besoin ; le pain augmente tous les jours à Chartres, et le pain y coûte 27 s. 6 d. les 9 livres, ce qui fait plus de 3 s. la livre. Je suis avec respect, etc.

[LXXXVI]

Lettre du Subdélégué de Montargis à M. de Cypierre,
du 27 octobre 1768.

M. — L'ordonnance des officiers de police, du 11 de ce mois, à l'occasion du commerce des blés, a fait sensation sur le peuple, qui, depuis ce temps, veille avec zèle à ce qu'il ne soit enlevé aucuns grains, au préjudice de cette ordonnance. Il a, le 23 de ce mois, à deux heures du matin, arrêté une voiture de blé qu'il a soupçonné avoir été enlevée dans des granges voisines par des marchands de cette ville. Le conducteur de ce blé, conduit par ce peuple chez les officiers de police, a donné lieu, par ses variations aux questions qui lui ont été faites de la part de ces officiers, à la saisie de son grain, et le lendemain 24, au siège extraordinaire de police qui a été tenu à ce sujet, il a été ordonné, sur les conclusions du ministère public, que ce blé serait déposé au minage pour être vendu au prochain marché et le prix déposé au greffe jusqu'à ce qu'il ait été justifié d'où provenait ce blé, et ce de son consentement ; il en a été vendu partie au marché d'hier. Le public, en très grand nombre à cette audience, n'a pas été satisfait de ce jugement. Il aurait désiré que le blé eût été saisi à son profit. Cependant, quoiqu'il y ait eu beaucoup de murmure, le tout s'est bien passé, et cet attroupement a été satisfait des raisons des officiers de police, encore bien qu'ils leur (*sic*) aient fait défense de s'attrouper à l'avenir et d'arrêter aucunes voitures comme ils l'ont fait. Ce qui excite le peuple, c'est qu'il n'y a qu'une voix pour dire que tous les blés des environs ont été arrhés et achetés ou sur pied ou dans les granges. Ce particulier, sur qui s'est faite la saisie, s'est transporté, après le jugement, à Fontainebleau pour y demander des ordres et en est revenu hier, et m'est venu dire que M. de Montigny lui avait dit qu'à son arrivée ici, j'aurais des ordres à son sujet ; mais je n'en ai reçu aucun.

Je suis, etc...

[LXXXVII]

Autre lettre du Subdélégué de Montargis à M. de Cypierre,
du 29 octobre 1768.

M. — J'ai eu l'honneur de vous rendre compte, par le dernier ordinaire, de ce qui s'était passé à l'occasion du blé arrêté le 23 de ce mois par la populace de cette ville. Hier, j'ai reçu une lettre de M. le Contrôleur Général qui me marque, entr'autres choses, vous avoir écrit pour me faire passer les ordres nécessaires pour arrêter à l'avenir pareils procédés, et que, pour ne pas faire perdre à un voiturier un temps qui lui est précieux, il m'écrit directement pour éclaircir les faits et procurer à ce voiturier les moyens de conduire son grain à Fontainebleau, lieu de sa destination, ou autres endroits où on en a le plus besoin, et de prendre les mesures pour éviter toute rumeur de la populace. En conséquence, je me suis arrangé avec M. Aulas de façon que le blé a été chargé et est parti sans le moindre attroupement ni la moindre émotion. Mais j'ai été bien étonné quand ce voiturier est revenu ici dire qu'il avait été arrêté auprès de la première poste par une multitude de peuple qui s'était embusqué dans la forêt. La maréchaussée s'y est transportée sur-le-champ, a trouvé les voitures qui avaient été conduites auprès du château de Cepoy et un seul homme auprès, qui en a déclaré plusieurs, en sorte qu'il y en a six ici en prison. Il paraît que le plus grand nombre de cette populace est des paroisses de Cepoy et Chalette (1). La maréchaussée va informer de cet attroupement et émotion populaire, et un détachement a escorté le voiturier pour suivre sa route. Je rends compte de tout aujourd'hui à M. le Contrôleur Général.

Je suis, etc...

(1) *Cepoy et Chalette*, département du Loiret, arrondissement et canton de Montargis.

[LXXXVIII]

Lettre de M. le Contrôleur Général, du 25 octobre 1768.

M. — Je vous envoie copie de la lettre que j'ai pris le parti d'écrire à votre subdélégué de Montargis pour ne pas perdre de temps et entretenir la liberté de la circulation des grains, que je crois être le seul moyen d'en modérer la cherté. Je vous prie de lui mander de prendre toutes les mesures nécessaires pour que le voiturier qui m'a porté ses plaintes ne soit pas arrêté, et de prendre toutes les précautions que vous jugerez les meilleures pour empêcher que pareilles choses arrivent dans d'autres lieux de votre généralité. Je suis, etc...

[LXXXIX]

Copie de la lettre de M. le Contrôleur Général au subdélégué de Montargis, du 25 octobre 1768.

J'apprends, M., par le nommé Jean Petiard, voiturier, qu'il a été arrêté à Montargis conduisant 52 setiers de froment, qui étaient destinés pour être vendus ici. Cette interruption dans le commerce des grains ne peut que faire le plus mauvais effet et augmenter de beaucoup la cherté qui se fait sentir sur la plupart des marchés. Cette démarche de la part des habitants de Montargis paraît d'autant plus extraordinaire qu'on m'assure qu'on n'y manque pas de grains et qu'elle est proscrite par toutes les lois et par la raison. J'en écris à M. l'Intendant pour qu'il vous fasse passer les ordres nécessaires pour arrêter ces entraves. Mais, pour ne pas faire perdre à ce voiturier un temps qui lui est précieux, j'ai cru devoir vous écrire directement pour vous engager à éclaircir les faits et à procurer à ce voiturier les moyens de conduire son grain dans le lieu de sa destination et dans les endroits où on en a le plus besoin. Vous prendrez à cet effet toutes les mesures que votre prudence pourra vous suggérer pour éviter toute rumeur de la part de la populace. Je suis, etc...

[XC]

Lettre à M. de Montigny. du 4 novembre 1768.

M. — Deux marchands sont venus chez moi ce matin et m'ont fait part qu'ils avaient acheté du blé dans une paroisse du côté de Gien, mais qu'ils n'osaient l'enlever, craignant le peuple et les effets de l'ordonnance des juges de police de Gien qui défend d'acheter les blés hors le marché. Je leur ai signé et offert de remettre un ordre à la maréchaussée, à l'effet de les escorter et leur prêter main-forte pour enlever leur blé avec sûreté et tranquillité. Mais ils m'ont demandé une permission par écrit d'enlever ces blés qui pût les garantir des mille livres d'amende prononcées par l'ordonnance de police, et ils m'ont paru avoir beaucoup moins de peur du peuple que de l'effet de l'ordonnance des juges de Gien. Je n'ai pas cru devoir leur donner cette permission par écrit, mais je leur ai bien fait entendre à plusieurs reprises qu'ils n'en avaient pas besoin, que la loi leur assurait toute liberté et que je leur ferais prêter main-forte pour faciliter le transport de leur blé. Je vous supplie, M., de me prescrire ce que je dois faire, si l'on me fait encore une pareille demande ; car j'ai vu que ces marchands étaient fort intimidés par l'ordonnance de police que j'ai eu l'honneur de vous déférer comme une entreprise bien contraire à la loi et dont les suites peuvent être bien dangereuses pour la tranquillité et la subsistance. Je suis, etc...

[XCI]

Lettre de M. le Contrôleur Général, du 3 novembre 1768.

M. — Je vous prie de m'informer de l'espèce de police qui a lieu dans la ville de Montargis par rapport aux blés. Je vous ai déjà écrit au sujet d'un voiturier qui conduisait des grains d'Auvergne dans les environs de Paris. Ce voiturier m'assure qu'il a été arrêté par le sergent de ville et que l'autorité paraît avoir eu quelque part à cette voie de fait. Y a-t-il en effet quelque ordonnance dans cette ville qui autorise à arrêter le blé qui y passe pour une autre destination ? Il m'assure aussi que votre subdélégué a paru fâché qu'il ait pris le parti de m'adresser ces plaintes et qu'il lui a donné ordre de payer 9 l. pour les frais de tout ce qui avait été fait contre lui. Vous sentez que ces faits méritent d'être éclaircis avec la plus grande attention de votre part, surtout ceux qui concernent un homme a qui vous avez donné votre confiance. Je vous prie de ne pas perdre un instant à m'informer du résultat des éclaircissements que vous aurez pris a ce sujet. Je suis, etc...

[XCII]

Réponse à M. de Cypierre, du 6 novembre 1768.

M. — J'ai reçu avec la lettre que vous m'avez fait l'honneur de m'écrire, le 15 du mois dernier, une copie de celle que vous aviez adressée directement a mon subdélégué à Montargis au sujet du nommé Petiard, voiturier, qui avait été arrêté dans cette ville avec des charrettes chargées de froment destiné pour Fontainebleau. Par une lettre du 27 du même mois, mon subdélégué m'informe du retard qu'avait éprouve ce voiturier, et le 29, il m'a fait part de ce qu'il avait fait en exécution de vos ordres, M., en ajoutant qu'il vous en rendait compte, et c'est ce qui m'a empêché d'avoir l'honneur de vous en écrire. Mais je n'ai pas laissé ignorer cet événement à M. de Montigny auquel je l'ai détaillé par ma lettre du 2 de ce mois, en lui envoyant copie de la lettre de mon subdélégué du 27 octobre. J'ai l'honneur de vous en adresser également un double, ainsi que celle du 29 ; j'y joins un exemplaire de l'ordonnance des officiers de police de Montargis, et j'ai lieu de présumer que la seule lecture de ces pièces détruira aisément les préjugés que vous pourriez avoir conçus contre la conduite de mon subdélégué, qui a travaillé avec zèle et distinction sous M. Pajot et M. Barentin (1) et qui, sans vos ordres exprès, n'aurait osé s'opposer au jugement des officiers de police, qui s'étaient assemblés extraordinairement et avaient ordonné le dépôt de blé au minage pour être vendu au marché subséquent. Dès le 18 octobre dernier, j'ai fait passer à M. de Montigny un pareil exemplaire imprimé, en lui exposant les inconvénients qui pourraient résulter de semblables réglements particuliers qui contrarieraient ouvertement la liberté du commerce des grains. Je suis, etc...

(1) Les deux prédécesseurs immédiats de Cypierre à l'intendance d'Orléans.

[XCIII]

*Extrait des registres du greffe de la police de la ville, faubourgs et
banlieue de Montargis-le-Franc.*

Sur ce qui nous a été remontré par le faisant fonction de Procureur du Roi, que, par une mauvaise interprétation que donnent
plusieurs habitants de cette ville à la déclaration du Roi qui permet
l'exportation des grains, il se glisse plusieurs abus de la part de
ces habitants, qui sont d'autant plus répréhensibles qu'ils sont
contraires aux intentions de Sa Majesté qui, en favorisant ce
commerce, n'a pu en moins en vue de pourvoir à l'approvisionnement des marchés et aux besoins de son peuple, pourquoi il
requiert qu'il y soit par nous pourvu. Et attendu que, depuis plusieurs années, soit par une manœuvre intolérable de la part des
boulangers ou de tous autres, les marchés qui avaient coutume
de s'ouvrir à 10 heures ne s'ouvrent plus à cette heure, mais plus
tard, ce qui fait que les bourgeois et habitants de cette ville n'ont
pas le temps de se fournir et se trouvent à entrer dans le marché
en même temps que les boulangers, il requiert qu'il y soit également par nous pourvu.

Nous ordonnons qu'en tout temps et saison, l'ouverture du
marché pour le blé et autres grains se fera à 10 heures du
matin.

Faisons défenses à tous marchands, boulangers et autres commerçants en grains, de quelque qualité et condition qu'ils soient,
d'arrher aucune espèce de blé, froment, méteil, seigle, orge,
avoine et autres grains en vert, sur pied et avant la récolte, dans
l'étendue de la banlieue de cette ville et à trois lieues d'icelle, à
peine de confiscation des grains qu'ils auront achetés et de cinq
cents livres d'amende, dont un quart applicable au profit du
dénonciateur.

Faisons défenses à toutes personnes d'arrher les grains que
l'on amène au marché de cette ville, ni de les acheter dans les
greniers, cabarets ni autres endroits que dans le marché de cette
ville, à peine de confiscation des blés et autres grains achetés en
contravention et de 500 l. d'amende, dont un quart applicable au
profit du dénonciateur.

Faisons défenses à toutes personnes de prêter leur nom auxdits boulangers et autres achetant grains pour revendre, le tout

à peine de confiscation des grains et de 500 l. d'amende par chaque contravention, dont un quart applicable au profit du dénonciateur.

Faisons défenses à toutes personnes de prendre des montres de blé pour les porter hors le marché et dans les cabarets aux commerçants en grains, leur en dire le prix et ensuite arrêter ledit blé, à peine de prison.

Faisons défenses à toutes personnes, de telle qualité et condition qu'elles soient, d'envoyer au marché des montres de blé qu'elles peuvent avoir à vendre dans leurs greniers pour vendre lesdits grains dans leurs greniers ; leur enjoignons, au contraire, de le conduire ou faire conduire dans le marché, le tout à peine de confiscation des grains étant dans lesdits greniers et de 500 l. d'amende, dont un quart applicable au profit du dénonciateur.

Faisons défenses à tous boulangers d'entrer dans lesdits marchés ni d'y marchander et acheter aucune espèce de blé qu'après l'heure de midi, à peine de 100 l. d'amende pour la première fois, dont un quart applicable au profit du dénonciateur, et, en cas de récidive, de 500 l. d'amende et d'être déchus du droit de maîtrise.

Faisons pareillement défenses à tous commerçants en grains d'entrer dans lesdits marchés ni d'y marchander et acheter aucun blé qu'après une heure après-midi, à peine de 500 l. d'amende, dont un quart applicable au profit du dénonciateur, de plus grosse peine en cas de récidive.

Ordonnons que les blatiers et autres vendants grains seront tenus d'ouvrir leurs sacs à dix heures, afin que le public puisse se pourvoir avant l'heure de midi, à peine de saisie de leurs grains et de cent livres d'amende, dont un quart applicable au profit du dénonciateur.

Faisons défenses aux boulangers de dire aux rapporteurs le prix qu'ils auront acheté leurs grains ; enjoignons, au contraire, aux blatiers et autres vendants grains de le dire fidèlement auxdits rapporteurs, à peine de saisie des grains, de 100 l. d'amende par chaque contravention, dont un quart applicable au profit du dénonciateur, même de prison, s'il y échet.

Ordonnons que tout blé mis en vente et non vendu ne pourra être déposé ailleurs qu'au minage pour être ensuite exposé en vente au marché suivant ; à l'effet de quoi le fermier du minage sera tenu d'avoir un registre de nous coté et paraphé dans la huitaire pour y inscrire les noms et demeures de ceux qui auront mis leurs grains en dépôt dans le minage et la quantité de sacs, le tout à peine de 100 l. d'amende par chaque contravention, dont un quart applicable au profit du dénonciateur, de saisie et de confiscation desdits grains.

Faisons défenses à tous fermiers du minage, meuniers, rondiniers ou gens par eux préposés de faire le commerce de grains, sous telles peines qu'il appartiendra. Leur défendons pareillement, ainsi qu'à toutes personnes, d'invectiver en aucune sorte soit les blatiers, soit tous autres vendants ou achetants, grains, à peine de 100 l. d'amende, et même de prison.

Enjoignons aux commissaires de police, huissiers et sergents royaux de veiller exactement à l'exécution de notre présente ordonnance, qui sera imprimée, lue, publiée et affichée partout où besoin sera et exécutée comme fait de police, nonobstant opposition ou appellation quelconque et sans préjudice d'icelle.

Donné à Montargis par nous, Étienne Aubépin, conseiller du Roi et son procureur en la police de la ville, faubourgs et banlieue de Montargis, pour la vacance en la charge de lieutenant général en ladite police, ce jourd'hui onze octobre mil-sept-cent-soixante-huit. Aubépin, et plus bas, Malerbe.

[XCIV]

Du 9 novembre 1768.

Monsieur, j'ai reçu la lettre que vous m'avez fait l'honneur de m'écrire le 2 de ce mois. S'il n'est pas possible d'engager les officiers de police de rétracter leurs ordonnances, quoique contraires aux lois qui établissent la liberté du commerce des grains, il faut bien encore prendre patience ; mais vous devez toujours persévérer par votre exemple à assurer cette liberté.

Je suis avec respect, Monsieur, votre très-humble et très-obéissant serviteur.

Trudaine de Montigny (1).

(1) Cette lettre est jointe en original au manuscrit, mais n'a pas été recopiée par l'auteur du « Recueil ».
Elle nous a paru, par sa date et son objet, devoir être insérée ici.

[XCV]

Du 20 novembre 1768.

L'objet du commerce des grains faisant la matière des assemblées du Parlement, M. le Premier Président (1), ami de M. de Cypierre, lui ayant demandé un mémoire sur son sentiment et les faits passés à Orléans, il a envoyé le mémoire ci-après, la surveille de l'assemblée des Chambres.

MÉMOIRE.

Rien n'est plus essentiel à maintenir que la liberté du commerce des grains. Cette loi salutaire est le seul moyen d'assurer la subsistance des peuples par une réciprocité de secours qui se forme d'elle-même et sans qu'il soit besoin de règlement. L'expérience le prouve. En effet, il est prouvé par le relevé du prix des grains que, chaque fois qu'on a voulu gêner ce commerce par des lois prohibitives ou par quelque règlement, les grains ont sur-le-champ renchéri à la même époque et ont occasionné des disettes au sein de l'abondance. Ces règlements alarment le peuple, arrêtent les utiles spéculations, resserrent les greniers; les provinces qui regorgent de superflu, le retiennent et craignent pour l'avenir; les provinces qui n'ont pas recueilli éprouvent la disette et ne reçoivent plus de secours.

Ce n'est donc que cette liberté de circulation qui peut entretenir l'abondance de proche en proche et établir ce niveau et cet équilibre que le blé doit avoir par un prix moyen qui encourage le cultivateur et auquel le journalier et l'artisan puissent atteindre. On est étonné de la cherté actuelle des grains, et on l'attribue au danger de la liberté. Deux causes l'ont produite, dont l'effet va cesser : 1° le faible taux de l'intérêt de l'argent a engagé les spéculations de plusieurs marchands, qui ont placé leurs fonds dans ce commerce et ont soutenu le prix jusqu'à présent; mais ce prix va tomber par la concurrence accordée aux marchands étrangers et les encouragements qu'on leur a donnés par l'arrêt du 30 octobre dernier; cette concurrence va arrêter les spéculations et rétablir e prix moyen et proportionnel ; 2° le laboureur ayant essuyé les pluies qui l'ont arrêté dans les semences des terres, ces obstacles

(1) Etienne-François d'Aligre.

l'ont empêché de battre et de porter des blés au marché. Les blés vieux épuisés, les marchés ont été dégarnis, les nouveaux étant encore dans les greniers. Dès le mois prochain, tout va reprendre le cours ordinaire, et l'on est persuadé que la concurrence et l'encouragement donné aux marchands étrangers et la facilité que les laboureurs vont avoir, après les semences, de battre les grains en vont faire baisser le prix et le réduire au taux qu'il devrait avoir.

Si l'on apporte des entraves à la liberté, les greniers seront resserrés, le superflu restera dans les provinces où le blé abonde sans être consommé, et les autres souffriront, faute du secours que la liberté leur avait procuré. On peut voir par les faits ci-après combien cette liberté de circulation a été nécessaire et utile dans les circonstances. A Orléans, l'épuisement des blés vieux avait fait monter le prix des grains. Paris avait tiré d'Étampes, Étampes avait tiré d'Orléans ; qu'est-il arrivé ? Le Berri, qui ne pouvait consommer son superflu, a garni les marchés d'Orléans ; les marchands ont été en chercher en Auvergne, l'ont fait descendre par la Loire. L'abondance de la récolte dans l'Auvergne est devenue utile à la généralité d'Orléans et à la capitale du royaume ; de proche en proche, le blé est arrivé ; celui d'Orléans a passé à Paris ; celui d'Auvergne est venu nourrir les habitants d'Orléans ; cette circulation a enrichi l'Auvergne qui n'avait pu consommer son superflu ; elle a soutenu le taux des grains à Orléans sur un prix moyen ; car le pain pour le peuple n'y a jamais été plus cher que 2 s. 8 d. la livre, et il s'est maintenu jusqu'à présent sur le pied de 16 s. les six livres.

S'il arrivait que, par des enlèvements trop considérables, quelques grêles un peu générales dans un même département, ou par quelque cause impossible à prévoir, le prix du blé devint excessif, le remède serait aisé, et voici encore un moyen récemment employé. A Orléans, le blé ayant augmenté de prix après la récolte par l'épuisement des blés vieux, les officiers municipaux ont pris le parti de faire venir d'Auvergne plusieurs bateaux pour le compte de la ville, sous le nom d'un marchand particulier qui garnissait les marchés et soutenait le blé sur un prix raisonnable. Le peuple a ignoré cette précaution ; il a été tranquille ; le pain n'a pas trop augmenté, ainsi qu'on l'a vu ci-dessus. Il n'y a pas eu 600 fr. de perte de l'achat à la vente, et assurément jamais emploi de revenus municipaux n'a été plus utile et n'a tourné plus au profit des citoyens.

Voilà donc des effets sensibles de l'avantage de la liberté ; en la laissant subsister, tout reprendra l'équilibre. Si l'on fait quelque règlement prohibitif, si on lui impose des entraves, on manquera le but qu'on se propose. C'est porter atteinte aux propriétés, arrêter les spéculations utiles, qui font la ressource du peuple et entretiennent l'abondance dans les marchés, décourager le cultivateur sans apporter du soulagement aux journaliers et artisans. Les provinces qui n'ont pas recueilli manqueront de blé ; celles qui ont eu une récolte abondante manqueront de toute autre ressource, et, faute de débit de leurs récoltes, ne pourront rien acheter ni consommer d'ailleurs. La disette surviendra, lorsque le zèle n'aura cherché qu'à procurer l'abondance.

Cependant, pour ne point être extrême dans une matière dans laquelle il s'agit du bonheur et de la subsistance des peuples, la prudence peut admettre quelques précautions, bien différentes des entraves ou des gênes dont il est bien important que le zèle se garantisse. On estime : 1° qu'il faudrait faire défenses aux marchands d'aller acheter et arrher les blés sur les chemins les jours de marché, de sorte que toutes les voitures qui n'auraient pas de destination arrivassent au marché pour le blé y être vendu ;

2° que le peuple eût deux heures de préférence au marché pour s'approvisionner, et qu'après lui le boulanger eût une heure sur le marchand pour assurer sa fourniture ; après quoi, chacun serait libre de faire ses achats ;

3° il est souvent arrivé que les marchés ont été dégarnis et même vides dans le temps des semences, parce que les laboureurs, obligés de façonner et d'ensemencer leurs terres, n'ayant pas eu le temps de battre le blé nouveau, viennent enlever tous les blés vieux qui sont sur la place. La prudence exigerait qu'on les obligeât à apporter au marché la même quantité de blé nouveau que celle du blé vieux qu'ils achèteraient. Cette précaution assurerait l'abondance dans les marchés, qui est un des objets les plus essentiels à prévoir pour assurer l'abondance et maintenir la tranquillité du peuple.

Avec ces précautions, le blé ne doit jamais excéder le prix moyen. Mais si l'on met des entraves à la liberté, il augmentera. Moins on donnera d'ordres, moins on fera de règlements sur cette matière, plus le peuple sera tranquille ; la liberté de la circulation, la concurrence établie pour les transports et les achats entretiendra l'abondance.

Tous les blés sont encore dans les granges, et le prix doit néces sairement baisser lorsque ces grains seront battus. Garnir les marchés, donner quelques heures de préférence au peuple pour s'approvisionner, cette précaution fera tomber les manœuvres que l'on soupçonne à quelques marchands de se revendre entr'eux le blé dans le même marché pour en hausser le prix. On entretiendra l'abondance, qui n'existera jamais sans la liberté.

[XCVI]

Du 2 décembre 1768

Toutes les Chambres du Parlement, s'étant assemblées, ont arrêté ce qui suit.

Arrêté qu'il sera fait au Roi de très humbles et respectueux remerciements des secours qu'il a eu la bonté de procurer à la ville de Paris pour la subsistance de ses habitants et qu'il sera supplié de vouloir bien les continuer.

Arrêté, en outre, que la Cour sera très humblement suppliée de faire au Roi de très humbles et très respectueuses représentations à l'effet d'obtenir de la sagesse dudit seigneur Roi et de son amour paternel pour ses sujets une déclaration qui, en modifiant celle de 1763 et l'édit de 1764 et renouvelant les dispositions des anciennes ordonnances qui, pendant si longtemps, ont assuré à tous les citoyens une subsistance proportionnée à leurs besoins et à leurs facultés et à l'Etat une heureuse tranquillité,

Ordonne : 1° qu'à l'avenir, tous ceux qui voudront faire le trafic des grains, en acheter et en vendre, seront tenus de déclarer aux greffes des juridictions ordinaires des lieux où ils tiendront leurs magasins, ainsi que ceux où ils feront transporter les blés qu'ils enlèvent, lesquelles déclarations seront reçues sans frais ;

2° que les achats et ventes de grains par les traficants se feront dans les marchés publics et que les officiers de police seront autorisés à obliger, en cas de nécessité, ceux qui tiennent des magasins dans leurs territoires à faire apporter une quantité suffisante de grains au marché, le tout sous les peines portées par les ordonnances ;

3° que les marchés seront ouverts pour la vente, suivant les heures réglées par les ordonnances ; en conséquence, qu'il y aura un premier temps pour les bourgeois et habitants, un second pour les boulangers exclusivement, aux marchands un troisième et dernier pour les commerçants de grains ;

4° que l'exportation des grains et farines sera suspendue jusqu'à ce que l'on soit plus précisément assuré qu'il y a dans le royaume plus de grains qu'il n'en faut pour assurer plus d'une année la subsistance de ses habitants et à quel taux l'exportation peut être permise sans danger ; en conséquence, que, provisoirement, toute traite foraine sera interdite pendant un an.

APPENDICE

Lettre de M. de Cypierre à l'abbé Terray.

(Archives nationales, F** 223.)

Paris, le 30 janvier 1772.

Monsieur. — Par la lettre dont vous m'avez honoré le premier octobre dernier, vous avez eu la bonté de m'annoncer que le projet du Conseil était de fixer à 8 l. par quintal le prix où l'exportation des blés cesserait d'être permise, au lieu de celui fixé par la déclaration de 1764, et vous désirez connaître quel serait l'effet de cette loi et le sentiment des personnes les plus éclairées dans mon département sur cette matière. En général, tout le monde est convaincu, dans la généralité d'Orléans, par principe et par expérience, que la déclaration de 1764 rendue en faveur de l'exportation des grains avait assigné au blé un prix trop haut pour le terme de cette exportation. En effet, cette déclaration a eu des suites dangereuses et a fait naître des inconvénients que la sagesse du gouvernement n'avait pu prévoir alors. A la faveur d'une liberté absolue, indéfinie, dégagée de toutes précautions et des anciens règlements de police, le monopole s'est enhardi. L'avidité des cultivateurs qui se rendaient maîtres des productions pour hausser le prix des grains, les différentes interprétations données à la loi par les juges de police suivant les circonstances locales et sans en voir le motif, enfin l'impunité du monopole pratiqué à l'ombre de la loi ont produit les plus grands maux dans mon département depuis cette déclaration.

Les anciens règlements de police paraissaient devoir suffire pour assurer l'abondance dans les marchés et le prix moyen et proportionnel entre le cultivateur et le consommateur. On était dans le principe que toute loi sur les subsistances était inutile et pouvait devenir dangereuse, surtout lorsqu'on en confierait l'exécution aux juges ordinaires, parce que cet objet était plus spécialement du ressort de l'administration dont les vues bienfaisantes pouvaient seules s'étendre sur l'universalité des besoins des peuples, balancer les circonstances générales et tenir dans sa main les précautions et les ressources pour l'avantage de tous les sujets du Roi. Avant la déclaration de 1764, l'exécution des anciens règlements de police maintenait l'abondance dans les marchés. On n'y voyait pas, comme depuis cette déclaration, une multitude de monopoleurs qui achètent et se revendent dans un même marché les grains pour en hausser le prix et se faire un état aux dépens de la subsistance des peuples. On n'imaginait pas d'aller arrher les blés sur pied ou dans les granges. Le cultivateur apportait ses grains au marché. Le peuple n'avait point à craindre chaque semaine d'en voir trop hausser le prix. Une liberté active, mais soumise à des précautions, éclairée par la surveillance des magistrats et concentrée dans l'exécution des réglements maintenait dans le prix cet équilibre heureux, cette proportion essentielle à conserver entre le cultivateur et le consommateur. La déclaration de 1764 a détruit cette proportion, et, puisque la loi rendue a manqué son but, rien de plus sage que de réparer le mal par une loi nouvelle.

La fixation du blé à 12 l. 10 s. par quintal pour le terme de l'exportation est évidemment trop forte, et on en a fait la triste expérience. Il est constant que, lorsque le blé est parvenu à cette valeur dans les ports de France, les sujets du Roi sont déjà arrivés à une souffrance véritable, et qu'avant que le gouvernement y ait pourvu, le peuple éprouve une dure nécessité. Il est donc important de réduire cette fixation. Dans la Beauce où les récoltes de blé sont ordinairement très abondantes et forment la principale production, on la désirerait réduite à 10 l. le quintal. Dans le vignoble et le surplus de mon département, l'universalité des habitants estime qu'on ne saurait fixer le prix auquel la sortie des grains cessera d'être permise plus haut que 8 l. le quintal, et c'est aussi mon sentiment. J'estime, M., que c'est mon prix le plus juste et le plus proportionnel entre le cultivateur et le consommateur. Dans cette fixation, le premier trouvera un bénéfice suffisant au-delà des frais de culture, et le consommateur éprouvera dans ce prix plus de proportion avec ses facultés, le salaire de ses journées et le produit de son industrie. La confiance renaîtra ; les spéculations du monopole tomberont ; les marchés garnis assureront la subsistance des peuples ; les administrateurs n'auront plus à craindre la disette, comme par le passé, au sein même de l'abondance, et vos vues supérieures, en remédiant par cette nouvelle loi aux abus que celle de 1764 a favorisés contre l'intention du législateur, auront produit à la fois tous ces avantages.

Je suis, etc.

De C......

Texte détérioré — reliure défectueuse
NF Z 43-120-11

1763				
DATES DES MARCHÉS		PRIX DU BLÉ		PRIX DU PAIN
Janvier	8	2 17	3.10	8.8
	15	»	3.5	»
	21	2.15	»	»
	28	»	3.5	»
Février	5	2.18	»	»
	12	2.16	3.6	8.5
	19	2.15	4.5	»
	26	»	3.3	8.
Mars	5	»	3.2	»
	12	2.16	4.4	»
	19	2.14	4.4	»
	26	2.16	»	»
Avril	2	2.15	3.5	8.4
	9	2.13	3.3	»
	16	»	3.4	»
	23	2.11	3.5	»
	30	2.13	3.3	8.8
Mai	7	2.15	3.4	8.4
	14	»	3.2	»
	21	»	3.3	»
	28	2.10	3.4	8.
Juin	4	»	»	»
	11	»	»	»
	18	2.12	3.5	»
	25	2.11	3.1	»
Juillet	2	2.13	3.2	»
	9	2.15	3.6	8.4
	16	2.16	3.8	8.8
	23	3.	»	»
	30	»	3.9	»
Août	6	»	3.10	»
	13	2.17	3.6	»
	20	2.12	3.8	8.4
	27	2.10	3.	8.8
Septembre	3	2.8	3.3	8.4
	10	»	3.6	»
	17	2.5	3.5	»
	24	»	»	»
Octobre	1er	2.7	3.7	»
	8	2.8	3.6	»
	15	»	3.5	»
	22	2.10	3.6	»
	29	2.8	3.5	»
Novembre	5	2.10	3.6	»
	12	2.8	3.5	»
	19	2.6	»	»
	26	2.8	3.2	»
Décembre	3	»	3.4	»
	10	»	3.7	»
	17	2.10	3.6	»
	24	2.8	»	»
	31	»	»	»

1764						
DATES DES MARCHÉS		PRIX DU BLÉ		DU BLÉ VIEUX		PRIX DU PAIN
Janvier	7	2.9	3.5			8.5
	14	2.12	3.6			»
	21	2.0	3.5			»
	28	2.7	3.7			»
Février	4	2.8	»			»
	11	»	3.8			»
	18	2.12	3.11			8.8
	25	2.18	3.15			9.
Mars	3	2.8	3.11			8.8
	10	2.10	3.12			»
	17	2.14	3.11			»
	24	2.15	3.12			8.4
	31	2.12	3.	3	3.7	»
Avril	7	2.8	2.18	3.2	3.10	»
	14	2.16	2.16	3.3	»	»
	21	2.10	2.17	3.2	»	»
	28	2.15	3.2	»	3.12	»
Mai	5	2.12	2.18	3.5	»	»
	12	2.13	3.3	3.3	»	»
	19	2.5	2.15	3.6	3.10	8
	26	2.6	2.12	2.16	3.4	7.8
Juin	2	2.3	2.10	2.15	3.15	8.
	9	2.2	2.15	2.18	3.6	»
	16	2.0	2.12	2.16	3.7	»
	23	2.8	2.16	3.6	3.10	8.4
	30	»	2.17	3.	3.9	»
Juillet	7	»	2.15	2.17	3.10	»
	14	2.10	2.16	2.18	3.6	»
	21	2.8	2.17	3.9	3.10	8.
	28	2.5	2.16	2.16	»	»
Août	4	2.8	2.10	3.	3.5	8.
	11	2.2	2.12	»	3.6	»
	18	2.7	2.16	3.2	3.7	»
	25	2.6	3.	3.	3.9	»
Septembre	1er	»	2.16	3.2	3.8	»
	7	2.8	»	3.4	3.5	»
	15	2.5	»	3.3	3.8	»
	22	2.15	3.2			»
	29	2.10	3.7			»
Octobre	6	»	3.2			8.4
	13	»	3.9			»
	20	2.2	3.7			8.8
	27	2.2	3.8			8.
Novembre	3	3.	»			9.
	10	2.17	3.11			8.8
	17	2.14	3.5			»
	24	2.16	»			»
Décembre	1er	2.14	3.7			»
	7	2.16	3.6			»
	15	2.15	3.7			»
	22	»	»			»
	29	2.16	3.6			»

1765				
DATES DES MARCHÉS		PRIX DU BLÉ		PRIX DU PAIN
Janvier	5	2.15	3.7	9
	12	2.16	»	»
	19	2.18	3.9	»
	26	»	3.16	»
Février	1er	»	4.8	»
	9	2.19	»	»
	16	2.18	3.7	»
	23	2.15	»	»
Mars	2	»	3.6	»
	9	»	3.7	»
	16	2.18	3.8	9.4
	23	2.19	3.10	»
	30	2.18	3.8	»
Avril	6	»	3.9	»
	13	»	»	»
	20	2.16	3.10	9.
	27	2.18	»	»
Mai	4	»	3.8	»
	11	»	3.10	»
	18	3.	3.9	»
	25	»	»	»
Juin	1er	2.15	3.10	»
	8	3.	3.7	»
	15	2.19	3.9	»
	22	»	3.8	»
	29	»	3.11	»
Juillet	6	3.	3.13	9.5
	13	3.2	3.16	9.8
	20	»	»	9.4
	27	3.4	3.15	»
Août	3	3.5	3.18	9.8
	10	3.6	»	»
	17	3.8	4.	10.
	24	3.14	4.3	10.5
	31	3.10	4.	»
Septembre	7	»	»	10.
	14	3.6	3.16	9.8
	21	3.2	4.	10.
	28	»	»	9.8
Octobre	5	3.4	»	»
	12	3.10	4.5	10.
	19	»	4.4	»
	26	»	4.2	»
Novembre	2	3.12	4.5	10.4
	9	»	»	»
	16	3.14	4.8	10.8
	23	3.15	4.12	11.
	30	3.14	4.14	11.4
Décembre	7	3.15	4.7	»
	14	4.	4.10	»
	21	3.18	»	»
	28	3.15	»	»

1766			
DATES DES MARCHÉS		PRIX DU BLÉ	
Janvier	4	3.17	4.11
	11	3.16	4.10
	18	3.12	4.7
	25	3.16	»
Février	1er	3.18	4.9
	8	4.	4.10
	15	»	4.7
	22	»	»
Mars	1er	3.18	4.5
	8	3.15	4.4
	15	3.14	4.
	22	3.5	3.17
	29	3.8	»
Avril	5	3.10	4.
	12	3.8	»
	19	3.10	»
	26	3.11	4.2
Mai	2	3.10	3.8
	10	3.7	4.
	17	3.11	3.16
	24	3.9	3.18
	31	3.8	»
Juin	7	3.9	3.19
	14	3.10	4.2
	21	3.11	4.6
	28	3.8	4.
Juillet	5	3.10	4.
	12	3.12	5.2
	19	3.10	»
	26	3.18	4.7
Août	2	»	»
	9	3.17	4.9
	16	3.10	4.5
	23	3.15	4.6
	30	»	»
Septembre	6	»	4.7
	13	»	4.12
	20	4.	4.16
	27	3.18	»
Octobre	4	»	4.14
	11	3.17	4.15
	18	4.4	4.16
	25	3.18	4.17
	31	4.4	4.15
Novembre	8	»	4.16
	15	3.16	4.9
	22	»	4.11
	29	3.15	4.12
Décembre	6	»	»
	13	3.14	4.10
	20	3.15	4.5
	27	»	4.6

1766

DATES DES MARCHÉS	PRIX DU BLÉ		PRIX DU BLÉ VIEUX		PRIX du PAIN
Janvier ... 4	3.17	4.11			11 4
11	3.16	4.10			11.
18	3.12	4.7			»
25	3.16	»			»
Février ... 1er	3.18	4.9			»
8	4.	4.10			»
15	»	4.7			»
22	»	»			»
Mars ... 1er	3.18	4.5			»
8	3.15	4.4			10.8
15	3.14	4			10.4
22	3.5	3.17			10.
29	3.8	»			»
Avril ... 5	3.10	4.			»
12	3.8	»			»
19	3.10	»			10.4
26	3.11	4.2			»
Mai ... 2	3.10	3.8			»
10	3.7	4.			10.
17	3.11	3.16			»
24	3.9	3.18			»
31	3.8	»			»
Juin ... 7	3.9	3.19			10.4
14	3.10	4.2			»
21	3.11	4.6			10.8
28	3.8	4.			»
Juillet ... 5	3.20	4.			10.4
12	3.12	4.2			10 8
19	3.10	»			»
26	3.18	4.7			»
Août ... 2	»	»			11 4
9	3.17	4.6			11.
16	3.10	4.5			10.8
23	3.15	4.6			»
30	»	»			»
Septembre ... 6	»	4.7			»
13	»	4.12			11.
20	4.	4.16			11.8
27	3.18	»			»
Octobre ... 4	»	4.14			»
11	3.17	4.15			11.4
18	4.4	4.16			»
25	3.18	4.17			11.8
31	4.4	4.15			»
Novembre ... 8	»	4.16			»
15	3.16	4.9			12.
22	»	4.11			11.4
29	3.15	4.12			11.
Décembre ... 6	»	»			11.4
13	3.14	4.10			»
20	3.15	4.5	4.5	4.12	11.
27	»	4.6	4.6	»	»

1767

DATES DES MARCHÉS	PRIX DU BLÉ		PRIX DU BLÉ VIEUX		PRIX du PAIN
Janvier ... 3	3.15	4.2	4.2	4.10	11.
10	3.14	4.4	4.6	4.8	»
17	»	»	»	»	»
24	»	4.3			»
31	3.12	4.4	4.8	4.13	»
Février ... 7	3.15	»			11.4
14	3.17	4.7			»
21	3.15	4.6			11.
28	3.12	4.			»
Mars ... 7	3.8	3.18			»
14	3.6	4.			»
21	3.5	3.19			10.8
28	3.8	4.2			»
Avril ... 4	3.10	»			»
11	3.8	3.18			»
18	3.5	3.17			10.4
25	»	3.16			»
Mai ... 2	3.8	3.18			»
9	3.6	3.16			»
16	3.5	3.18			10.8
23	»	4.1			»
30	»	3.18			»
Juin ... 6	3.8	»			»
13	3.9	4.			»
20	3.10	»			»
27	3.3	4.2			11.
Juillet ... 4	3.7	4.3			»
11	3.8	»			»
18	3.6	4.5			»
25	3.10	4.4			»
Août ... 1er	3.12	4.8			11.4
8	3.10	»			»
14	»	4.4			11.
22	»	4.5			»
29	»	4.10			»
Septembre ... 5	3.12	»			11.4
12	»	4.12			»
19	»	4.17			11.8
26	4.	5.1			12.
Octobre ... 3	4.2	4.19			»
10	4.	4.16			»
17	3.10	4.5			»
24	3.16	5.6			»
31	3.12	4.18			»
Novembre ... 7	3.10	5.3			11.8
14	3.12	5.2			»
21	3.18	5.5			»
28	4.	5.0			12.
Décembre ... 5	4.8	5.8			12.4
12	4.	5.5			12.8
19	4.3	5.2			»
26	4.	4.18			»

1768

DATES DES MARCHÉS	PRIX DU BLÉ		PRIX du PAIN
Janvier ... 2	3 16	4.16	12.4
9	3.19	»	12.
16	4.	4 18	»
23	3.15	»	»
30	3.18	5.	»
Février ... 6	4	5.8	12.4
13	4.3	5.3	»
20	4.4	5.2	»
27	4.	5.1	»
Mars ... 5	»	5.3	»
12	4.2	5.3	12.8
19	4.10	5 5	13.
26	4.8	5.7	»
Avril ... 2	4.9	5 13	13.4
9	4.12	5.10	»
16	4.10	5.14	»
23	4.16	5.10	»
30	»	5.15	»
Mai ... 7	4.10	5.12	»
14	»	5.11	»
21	4.8	5.10	»
28	4.12	5.15	»
Juin ... 4	4.12	5.12	13.8
11	4.18	5.18	14.
18	5.10	6.5	14.8
25	»	»	»
Juillet ... 2	5.	6.4	»
9	4.18	6.	14.4
16	5.	6.4	»
23	5.18	6.12	15.
30	5.7	6.10	14.8
Août ... 6	4.15	5.19	14.
13	5 8	6.2	13.8
20	4 15	6.10	14.4
27	5.	7.2	15.
Septembre ... 3	5.5	7.8	15.
10	6.	7.12	10.4
17	5.16	7.15	»
24	5.12	7.8	16.
Octobre ... 1er	5.6	7.10	»
8	5.12	7.6	»
15	6.	7 8	»
22	5.15	7.10	»
29	5.14	7.6	»
Novembre ... 5	5 12	»	»
12	5.10	7.	»
19	5 5	7 4	»
26	5.14	7 2	15.8
Décembre ... 3	5.	6.15	15.4
10	»	»	15.
17	»	»	»
24	5.5	»	»
31	5.12	»	»

DU

PRIX[1] DU BLÉ-FROMENT

A ORLÉANS

Pendant les Années 1763 à 1768

ANNÉES	1er TRIMESTRE (JANVIER-MARS)	2me TRIMESTRE (AVRIL-JUIN)	3me TRIMESTRE (JUILLET-SEPTEMBRE)	4me TRIMESTRE (OCTOBRE-DÉCEMBRE)	MOYENNE de L'ANNÉE
1763	3. $\frac{1}{12}$	2. 18. $\frac{2}{13}$	2. 19. $\frac{5}{13}$	2. 16.	2. 18
1764	2. 19. $\frac{3}{13}$	2. 17. $\frac{1}{13}$	2. 12.	3. $\frac{8}{13}$	2. 17. $\frac{3}{13}$
1765	3. 2. $\frac{6}{13}$	2. 19. $\frac{11}{13}$	3. 11. $\frac{10}{13}$	3. 19. $\frac{3}{13}$	3. 18 $\frac{4}{13}$
1766	4. 1.	3. 14. $\frac{3}{13}$	4. 1.	4. 5.	4. $\frac{7}{13}$
1767	3. 15. $\frac{0}{13}$	3. 12. $\frac{0}{13}$	3. 19. $\frac{7}{13}$	4. 9. 6.	3. 19. 3.
1768	4. 8. $\frac{3}{13}$	6.	6.	6. 5. $\frac{6}{14}$	6. 1.

(1) Le prix est exprimé en livres, sous et deniers. Les fractions indiquent des douzièmes, treizièmes ou quatorzièmes de sous. Nous croyons devoir faire nos réserves sur l'exactitude *absolue* de nos calculs dans lesquels, vu leur nombre et leur complexité et quoiqu'ils aient été plusieurs fois répétés, ont pu se glisser quelques erreurs. C'est pourquoi, dans notre introduction (ch. II), nous avons pris soin de les donner comme approximatifs. Le tableau ci-contre permettra, en tout cas, au lecteur de rectifier les chiffres de nos moyennes, s'il y a lieu.

TABLEAU

DES

PRIX OFFICIELS

DU

BLÉ-FROMENT ET DU PAIN

A ORLÉANS

PENDANT LES ANNÉES

1763 A 1768

(D'après le Registre de la Police des Grains)

N. B. — Les prix du blé sont donnés, pour la mine d'Orléans (50 livres poids de marc), en livres et sous ; ceux du pain bis (de 6 livres), en sous et deniers.

TABLE DES MATIÈRES

(1) Cette table est la copie de celle qui est à la fin du recueil manuscrit

ERRATA

www.ingramcontent.com/pod-product-compliance
Lightning Source LLC
LaVergne TN
LVHW050744200726
843507LV00001B/69